David Reyes

DETÉN LA

ANSIEDAD

*Consejos y trucos para controlar, prevenir
y tratar los trastornos de ansiedad, la
depresión y la preocupación.
Cómo eliminar las emociones negativas
para mejorar su calidad de vida.*

ÍNDICE

INTRODUCCIÓN

Más del 40% de los americanos reportan que luchan contra la ansiedad. Y considerando que la sensibilización de la salud mental es todavía algo baja, el número real de personas afectadas es sombrío. La implicación es aterradora. Hay tantas personas con enfermedades mentales que ni siquiera saben que necesitan la ayuda de un profesional de la salud mental. La ansiedad es la forma más común de enfermedad mental. Cuando ha llegado a la etapa de pleno desarrollo, la ansiedad puede hacer la vida casi insoportable. Las personas con enfermedades mentales que no son conscientes de la condición precisa que los aqueja pueden pensar que algo anda mal con ellos, lo que generalmente daña su autoestima, y a largo plazo los hace miembros menos productivos de la sociedad. El mayor impedimento para recuperarse de una enfermedad mental es la ignorancia. La mayoría de las personas que luchan contra los problemas de salud mental se sienten abrumadas y no son conscientes de las medidas que deben tomar para superar su problema. Y sus acciones y creencias sin educación generalmente hacen que su situación empeore aún más. Este libro tiene como objetivo arrojar luz sobre el tema de la ansiedad crónica. Tiene como objetivo proporcionar una orientación clara sobre los diversos pasos que uno puede tomar para superar su ansiedad crónica y comenzar llevando una vida plena. El libro hace uso del material tradicional ofrecido por expertos en salud mental.

Algunos de los temas tratados incluyen:

1. Las causas de la ansiedad crónica

2. Las distorsiones cognitivas comunes asociadas con la ansiedad crónica

3. Cómo luchar contra las emociones negativas

CAPÍTULO 1: LAS CAUSAS DE LA ANSIEDAD CRÓNICA

En un sentido amplio, la ansiedad crónica puede ser causada por una condición física, mental, como resultado de la toma de ciertas drogas, o una mezcla de esos factores. Para tratar su ansiedad crónica, primero debe ir a la raíz de su problema. Por lo tanto, estas son algunas de las causas de la ansiedad crónica.

- Estrés

Todos los seres humanos, sin importar su color o antecedentes, experimentan estrés de vez en cuando. Estar estresado de vez en cuando no es nada inusual. A menudo nos encontramos con problemas que nos hacen sentir mal, pero si tenemos una solución, los malos sentimientos desaparecen, y podemos sentirnos completos de nuevo. Lamentablemente, algunas personas parecen lidiar con el estrés a diario. No importa lo que hagan o dejen de hacer. Estarán estresados durante todo el día. Tal situación puede ser abrumadora. Te hace pensar que algo anda mal contigo. Y la mayoría de las veces te hace sentir cohibido, creando así una base perfecta para la ansiedad crónica. La mayoría de las personas con ansiedad crónica tienen algo que les estresa muchísimo. Pero por alguna razón ellos no puede encontrar una solución a estos problemas. Por lo tanto, desarrollan distorsiones cognitivas, y terminan teniendo una idea equivocada sobre la vida, lo cual es extremadamente debilitante. Por lo tanto, es posible que desee proporcionar una solución a su estrés antes de que se convierta en el desencadenante de su ansiedad. Por supuesto, no puedes evitar el estrés por completo, pero puedes tomar medidas correctivas que te ayudarán a mejorar la calidad de tu vida. No importa los desafíos que se le presenten, pero si está dispuesto a enfrentar sus problemas, en lugar de huir de ellos, entonces tiene la posibilidad de superar el estrés y vivir su mejor vida. Uno de los mejores consejos para superar el estrés está relacionado con la introspección. Aprende a centrarte en tu interior, aumenta tu percepción de cómo se relaciona el mundo contigo, y conviértete en un maestro del análisis de costes y beneficios. La mayoría de la gente se encuentra estresada por malas decisiones, pero generalmente quieres evitarlo. Por supuesto, no puedes tener éxito en mantener el estrés alejado, pero puedes crear una vida lo suficientemente cómoda, y tener tu salud mental bajo control.

- Parejas abusivas

No podemos huir del hecho de que las relaciones juegan un papel importante en nuestras vidas. Para algunas personas las relaciones son todo lo que importa en la vida. Sólo quieren para estar con alguien. Ahora, ¿qué pasa cuando tu interés amoroso no se comporta de la manera que esperabas? Puede causar una tremenda confusión emocional. El hecho es que si estás en una relación abusiva no puedes estar bien ajustado. Algo estará mal en ti. La gente cercana a ti puede decírtelo, pero siempre encontrarás la manera de evitarlo. Cuando estás sometido a abusos durante mucho tiempo, eventualmente desarrollas una falsa perspectiva sobre la realidad, lo que desencadenará tu ansiedad. Puede ser muy difícil alejarse de una pareja abusiva porque son excelentes manipuladores. Harán que parezca que no puedes prescindir de ellos. Tratarán de hacer todo lo posible para que confíes en ellos, porque son plenamente conscientes de que tienen la ventaja. En la era moderna, el abuso emocional es la forma más común de abuso en las relaciones, y sus efectos son los peores. Anteriormente, el abuso físico había sido frecuente, pero la ley lo ha tratado con severidad, poniendo en alerta a las personas abusivas. Una de las mejores armas de las personas abusivas es la luz de gas. Intentan hacer que sus parejas parezcan como si estuvieran locos. Las personas abusivas son muy convincentes. Una vez que te han iluminado con gas, pueden empezar a sembrar semillas de miedo, y hacerte vulnerable. Y esto hace que la víctima desarrolle una tremenda ansiedad.

- Trauma

Las tragedias nunca están lejos. Podrías despertar una mañana junto a tu amada, y por la noche, podrían estar acostados en el cemento frío de la morgue. Podrías estar conduciendo con cuidado por la carretera, y entonces otro motorista se sale de su carril, y golpea tu coche, y efectivamente entregando tus lesiones que alteran la vida. Mientras estemos vivos, nunca podremos huir de la posibilidad de que ocurra una tragedia. Si sólo has experimentado unas pocas tragedias, puedes superarlas rápidamente y continuar con tu vida. Pero si las tragedias parecen atormentarte, puede que te cueste estar bien equilibrado emocionalmente. Tener que lidiar con constantes experiencias traumáticas te hará sospechar que eres indigno. Te hace verte a ti mismo bajo una luz negativa. Cualquier experiencia traumática deja a la víctima sacudida hasta la médula. Pero si experimentan estos traumas de manera constante, no dudarán en desarrollar ansiedad. Y deben recordar que la ansiedad es una respuesta biológica dirigida a la auto preservación. Una de las mejores maneras de no dejar que el trauma te retenga es a través de la búsqueda de conocimiento y la eliminación de la ignorancia. Cuando eres consciente de lo que está pasando en tu cabeza tienes menos probabilidades de desarrollar una percepción errónea de la realidad.

- El abuso de drogas

El problema de las drogas es una crisis. Muchas personas optan por huir de los problemas en lugar de enfrentarlos. Las drogas ofrecen la ruta de escape perfecta. Por ejemplo, si eres una joven que va a la universidad, y de alguna manera te quedas embarazada, obviamente es un gran error. Lo más probable es que no estés preparado para traer a otro ser humano a este planeta. Puede que te encuentres recurriendo a las drogas para suprimir los malos sentimientos que tienes. La cosa sobre las drogas es que funcionan sólo por una cantidad limitada de tiempo. Es posible que te sientas mejor inmediatamente después de tomar las drogas, pero el efecto desaparece pronto y los malos sentimientos vuelven con una intensidad más profunda, lo que requiere que aumentes la dosis de cualquier droga ilícita que estés consumiendo. El ciclo continúa hasta que te quedas atrapado sin remedio. Según los recursos de que disponga, puede ocultar su problema a sus seres queridos, hasta que sea demasiado tarde para hacer algo. La mayoría de las personas que están atrapadas en el uso indebido de drogas han tratado en algún momento de dejar el hábito, pero fue en vano. La simple razón es que las drogas están diseñadas para esclavizarte. Una vez que te conviertes dependiente de una droga, su bienestar depende de si ha tomado su dosis. Si tienes un problema de drogas, es muy probable que termines experimentando ansiedad crónica.

- Genética

Las investigaciones sugieren que la ansiedad crónica puede ser transmitida genéticamente. Por ejemplo, si uno o ambos padres lucharon contra la ansiedad, es posible que usted se encuentre desarrollando la misma condición. Aunque los investigadores aún se encuentran en una etapa temprana de comprensión de cómo la salud mental se ve influenciada por la genética de una persona, hay suficiente evidencia para apoyar la idea de que las condiciones de salud mental de los padres pueden transmitirse a sus hijos. Cuando se experimenta ansiedad como resultado de la genética, puede ser realmente difícil superar la condición, considerando que es un cableado biológico. Y una de las mejores maneras de superar los efectos de su condición es a través de la adquisición de más conocimientos. Si eres consciente de lo que está pasando, es menos probable que te confundas.

- Negatividad

El hecho es que en el mundo actual la negatividad es un fenómeno enorme. No importa dónde vayas, la negatividad siempre está al acecho en las esquinas. Pero la mayor fuente de negatividad son nuestras asociaciones. Si tenemos una tendencia de salir con gente negativa, eventualmente nos volvemos negativos nosotros mismos, una condición que invita a la ansiedad. Las personas negativas están particularmente indefensas porque tienen un problema para cada solución. Si eres negativo, siempre te ahogarás en problemas porque no tienes el impulso para resolverlos. Si te das cuenta de que tienes amigos negativos, tal vez quieras cortar los lazos con ellos y desarrollar una asociación estrecha con personas positivas. Lo más difícil es ser objetivo y darse cuenta de que tus amigos íntimos son una influencia negativa. Además, tal empresa requiere que seas valiente. No es fácil alejarse de la manada.

- Una dieta pobre

La investigación ha demostrado que hay una conexión directa entre nuestra dieta y nuestra salud mental. Nuestro cuerpo requiere varios nutrientes para un funcionamiento óptimo. Si estos nutrientes no están disponibles, podría significar que algunos procesos corporales importantes no se llevarán a cabo. Y por supuesto, esto hace que el cerebro dé la alarma. La gente que carece de nutrientes vitales tiene cuerpos que señalan la deficiencia. Esto podría causar que sean muy sensibles sobre su imagen corporal. Por otro lado, las personas que consumen una dieta rica están llenas de confianza, porque saben que sus cuerpos son perfectos.

Vivimos en un mundo donde la apariencia es bastante importante. Puedes avergonzarte por mirar de cierta manera. Por lo tanto, usted quiere asegurarse de que usted está teniendo una dieta que sacará a relucir su cuerpo perfecto.

- Depresión

Otra causa importante de ansiedad es la depresión. Una persona deprimida es aquella que ha perdido la esperanza. Creen que no pueden encontrar una solución a sus problemas y por lo tanto se ahogan en la tristeza. La depresión te pone en un estado lamentable para que estés a merced de otras personas. La forma más fácil de superar su depresión es ser proactivo al respecto. En lugar de sentarse y desear que las cosas puedan ser mejores, puede que quiera salir y hacer algo sobre su situación. Una persona deprimida es susceptible a otras enfermedades mentales. Hay varias maneras de tratar la depresión y es posible que desee investigar antes de embarcarse en un plan de tratamiento. Además, teniendo en cuenta que la depresión te pone en un estado de volatilidad emocional, asegúrate de mantener a las personas positivas a tu alrededor. Además, asegúrese de que está trabajando en sus objetivos. Nada hace que una persona apriete el botón de autodestrucción tan rápido como tener una vida sin propósito.

- La falta de dinero

Si somos honestos con nosotros mismos, el dinero es lo que hace que el mundo gire. Si no tienes dinero, entonces estás en una gran desventaja. Simplemente no podrás hacer, o te será difícil tener, la mayoría de las cosas necesarias para una existencia cómoda. Casi todo lo que se te ocurra tiene una forma de volver al dinero. Ya sea comida, amor o salud. Los seres humanos necesitamos el dinero para llevar una vida sin estrés y alcanzar nuestras importantes metas de vida. Y una vez que eres incapaz de adquirir estas cosas puede invitarte a una tremenda ansiedad en tu vida. Así que, siempre asegúrate de que tienes una gran habilidad que puedes cambiar por dinero, porque una cosa es segura, necesitarás dinero para estar cómodo aquí en el planeta Tierra.

CAPÍTULO 2: DISTORSIONES COGNITIVAS COMUNES RELACIONADAS CON LA ANSIEDAD

La distorsión cognitiva tiene lugar cuando nuestras mentes nos dicen algo que no es verdad. Por ejemplo, si una chica se considera a sí misma en el lado feo, será muy sensible al rechazo. Ella pensará que la gente no quiere estar con ella simplemente por su apariencia, no es el caso. Hay muchas distorsiones cognitivas que tenemos y que juegan un gran papel en el aumento de la ansiedad y la negación de la felicidad. Las siguientes son algunas de las distorsiones cognitivas que podemos tener.

- Filtrado

Si has estado con tu cónyuge durante décadas, obviamente has descubierto algo de ellos que no te gusta. Tal vez sea su estilo o sus modales. Pero sea lo que sea, parece que no puedes superarlo. Asumiendo que su cónyuge es un mal cocinero, ¿es justo concentrarse sólo en eso, mientras se ignora el hecho de que generalmente hay un buen cónyuge? La tendencia a concentrarse en un solo problema o inconveniente e ignorar cualquier otra marca positiva se conoce como filtro. Tal hábito alienta a uno a convertirse en un llorón de por vida. Como los seres humanos deben darse cuenta de que no somos perfectos, y debemos aprender a vivir con nuestras imperfecciones. Pero para las personas que tienen una tendencia a filtrar, se encuentran desarrollando trastornos de ansiedad, y complicando innecesariamente sus vidas. Para detener este hábito, debes nutrir tu lado introspectivo, adquirir más conocimientos y practicar la bondad.

- Pensamientos blancos y negros

La mayoría de las personas que están extremadamente orientadas al éxito tienden a tener un patrón de pensamiento blanco o negro. No reconocen el hecho de que hay zonas grises en la vida. Por ejemplo, si alguien tiene como objetivo hacer $1000000 para finales de este año, y no alcanzaron esa meta, podrían considerarse un perdedor. El problema con este tipo de razonamiento es que niegan toda experiencia positiva. Tal vez no hicieron $1000000 pero tocaste vidas en el camino; ¿no es algo de lo que estar orgulloso? Las personas que tienen pensamientos blancos y negros tienden a desarrollar un trastorno de ansiedad. Tienen un miedo tan grande al fracaso que desarrollan patrones de pensamiento poco saludables. Para superar su modo de pensar blanco y negro, tiene que redefinir su idea de éxito. Tienes que introducir más métricas para medir el éxito. El fracaso en el ajuste puede configurarte para una tremenda confusión considerando que la mayoría de las veces no obtenemos precisamente lo que queremos.

- Sobregeneralización

La sobregeneralización es una mentalidad autodefensiva que hace que una persona haga un juicio global como resultado de una experiencia. Digamos que has terminado la escuela y estás buscando un trabajo. Caminas hacia tu primera oficina y eres rechazado. Y entonces inmediatamente llegas a la conclusión de que nadie te contratará. La gente que se generaliza demasiado se niega a sí misma el éxito porque nunca se esfuerza lo suficiente. Proyectan una sola experiencia y desarrollan una mentalidad negativa. La sobregeneralización desalienta la racionalidad. Considerando los efectos negativos de la sobregeneralización, la persona termina desarrollando un trastorno de ansiedad. Para superar una mentalidad de sobregeneralización, debe adquirir más conocimientos y estar dispuesto a salir de su zona de confort.

- Saltando a las conclusiones

Esta condición no sólo es debilitante, sino que también puede molestar a otros que están a su alrededor. Tales personas parecen saber siempre lo que la siguiente persona está pensando o sintiendo. Por ejemplo, si reciben una llamada telefónica de su prometido por la noche, pueden concluir fácilmente lo que su prometido quiere decir mucho antes de la financiación ha salido a decirlo. Si la prometida suena molesta, pueden gritar, "oh, ¿quieres dejarme a través del teléfono?" lo cual no es el caso. Cuando tienes tendencia a sacar conclusiones precipitadas, tus emociones se vuelven volátiles y es probable que pongas tensión en tus relaciones con otras personas. Tal hábito te pone en riesgo de desarrollar ansiedad. Para deshacerte de ella debes desarrollar paciencia. Si durante toda la vida has tenido la tendencia a sacar conclusiones precipitadas, puede ser muy difícil deshacerse de ella. Pero cuando lo practicas se vuelve mucho más fácil.

- Catastrófico

Una persona con tendencia a la catástrofe siempre magnificará las cosas pequeñas. Cuando aparece un forúnculo en la piel, pueden pensar que tienen el VIH. Cuando su cónyuge no puede ser localizado por teléfono, pueden pensar que no están haciendo nada bueno. Son muy buenos para percibir los problemas, incluso cuando la intención claramente no estaba allí. Por supuesto, tener una mentalidad así te prepara para una vida problemática. Desarrolla miedos que no tienen una base lógica. La catástrofe hace que uno desarrolle una mentalidad perfeccionista, que puede ser peligrosa. Los seres humanos son defectuosos, no perfectos. Así que, si estás trabajando en un proyecto, ¿comete un pequeño error, en lugar de ampliarlo en este gran error, simplemente reconozca su error y tome medidas correctivas. De lo contrario, estar en un estado constante de anticipación de un desastre puede hacer que su ansiedad se dispare.

- Personalización

La tendencia a personalizar todo apunta a un serio problema de actitud. Siempre hay una forma de atar lo que alguien le dice. Es casi como si el mundo entero reaccionara sólo ante ellos. La personalización tiende a hacer que una persona se engañe. Tienen una opinión demasiado alta de sí mismos. Y odian no salirse con la suya. Alguien podría simplemente echarles una mirada y ellos podrían pensar, "¡oh, él piensa que soy linda! Debe ser por mi lindo vestidito" o "¡oh, me miró los pechos! ¿Es por lo desequilibrados que están? ¡Soy tan fea que todos pueden verlo!" Puede ser difícil dejar esta mentalidad si la has estado practicando desde que eras pequeña. Pero todo lo que se necesita es práctica y estarás en camino de ser racional.

- Control absoluto

Algunas personas piensan que los factores externos tienen un control absoluto sobre nuestras vidas. Otras personas piensan que tienen un control total de sus vidas. Pero la verdad es que ni los factores externos tienen un control absoluto ni la gente tiene un control total de sus vidas. Las personas que pensar en términos absolutos tienen una estrechez de miras que eventualmente se convierte en un impedimento psicológico para el éxito. Alguien que cree que los factores externos tienen el control total de su vida puede desarrollar la mentalidad de víctima, ya que piensa que hay algo ahí fuera que le impide tener éxito. Por otro lado, alguien que cree que tiene el control total de sus vidas puede sobreestimar su potencial. Como resultado, la persona afectada desarrolla ansiedad, porque no es buena para hacer ajustes. Para que uno supere esta mentalidad, simplemente tiene que adquirir nuevas creencias positivas.

- La falacia de la justicia

El mundo es un lugar profundamente injusto. No hay nada malo en esperar justicia. Pero estar tan obsesionado con la falta de justicia puede impedirte progresar. Los ciudadanos de este mundo están diseñados para ser despiadados. Por lo tanto, la justicia no siempre puede llegar a su camino. Por ejemplo, si eres una persona de color, y estás en un territorio de racismo, es inútil esperar que se comporten normalmente. Pero esto no quiere decir que debas aceptar un trato injusto. Las únicas acciones y palabras que puedes controlar son las tuyas. No puedes controlar lo que el racista piensa o dice. La gente que espera un trato justo de todos termina con sentimientos extremadamente heridos. Así que, aprende a reconocer de lo que eres capaz y evita las situaciones que son un drenaje de recursos innecesarios.

- Culpar a

Algunas personas son excelentes para culpar a otras. Podrían estar cargando un bebé, y luego tropezar y caer, lastimando al bebé, pero luego culpar a quien les entregó el bebé por no haber sabido mejor que darles el bebé. Las personas que culpan a otros por todo tienden a huir de sus problemas. Son incapaces de reconocer sus errores. Y tal mentalidad invita a la lucha en sus vidas; por supuesto, nadie quiere estar cerca de una persona que rehúye la responsabilidad. La gente que tiene tendencia a culpar a los demás casi siempre tiene una mentalidad de víctima. Parecen pensar que el mundo les debe algo. Para superar este hábito, primero hay que aumentar la empatía.

- Reglas para los demás

Hay algunas personas que parecen tener expectativas para casi todos los demás. Es casi como si estuvieras residiendo en su mundo. Saben lo que debes hacer, cómo debes actuar, hablar o vestirte. Considerando que todos somos personas diferentes, esto es especialmente molesto. Este modo de pensar suele ser el resultado de creer que eres más importante que todos los demás. Tal vez tus padres te inculcaron que eres alguien especial, y que todo el mundo debe comportarse de la manera que esperas que lo hagan. Con esa mentalidad, obviamente atraerás muchos conflictos, y a la larga podría hacer que desarrolles trastornos de ansiedad. Si te han enseñado a dar órdenes a la gente desde que eras pequeño, puede ser bastante difícil respetar los deseos de los demás, pero entonces tienes que aprender a hacerlo, o de lo contrario tendrás muchos problemas.

- Razonamiento emocional

Los seres humanos son criaturas muy emocionales. Experimentamos varias emociones en un solo día. Pero lo más importante es que nuestros comportamientos y palabras están influenciados por nuestras emociones. A veces nuestras emociones nos hacen comportarnos de manera deshonrosa. El simple hecho de sentir una cierta emoción, y de querer actuar de cierta manera como resultado de ese movimiento, no significa que haya verdad en ello. Podrías ver a una persona y desarrollar malos sentimientos hacia ella, hasta el punto de querer herirla, bajo la noción equivocada de que estás tratando de corregir un error. Para superar un mal comportamiento que es resultado de un razonamiento emocional debes aprender a aumentar tu autorregulación emocional. No es algo fácil disciplinar a tu emociones, pero al final, vale la pena, ya que te salva de tener angustia emocional, o de desarrollar varias enfermedades mentales.

- Cambiar la falacia

Una vez que un hábito se arraiga profundamente, es bastante imposible cambiarlo. Y considerando que todos somos personas diferentes, con diferentes mentalidades y hábitos, no es práctico esperar que alguien cambie para satisfacer sus gustos.

Lamentablemente, algunas personas tienen esta expectativa. Si se trata de una mujer casada, puede tener la expectativa de que su marido deje un cierto hábito, y llegue al extremo de vincular su felicidad a si él cambia o no. Del mismo modo, un marido puede tener la expectativa de que su esposa debe cambiar sus creencias, y entonces será capaz de amarla más. La gente debe asegurarse de que sabe lo suficiente sobre el otro antes de empezar una relación. Si descubren que la posible pareja tiene un hábito que no aprueban, deberían hacer las paces con eso, o seguir adelante, en lugar de tratar de cambiar a esa persona por el camino.

- Falacia de la rectitud

Algunas personas parecen pensar que siempre tienen razón. Todo en ellos es correcto. No pueden soportar que alguien más los desafíe. El problema con ser santurrón es que invita al odio de los demás. Y luego te cuesta adaptarte a la sociedad ya que todos te odian claramente. Los seres humanos son animales profundamente sociales. La fría y dura verdad es que queremos ser validados por nuestros semejantes. Si nos enfrentamos a la hostilidad en lugar de respeto puede herir nuestros sentimientos y hacer que desarrollemos enfermedades mentales. La gente que tiene una falacia de rectitud no siempre lo sabe. Piensan que están actuando con normalidad. Pero es triste porque el mundo no tiene la paciencia. La única manera de remediar esta situación es aumentando su autoconciencia y también su empatía.

- Karma

Algunas personas parecen pensar que hay una fuerza sobrenatural que administra la justicia. Si alguien les hizo mal, están seguros de que el karma se vengará en su nombre. Si realizan buenas acciones, están seguros de que serán recompensados por la fuerza sobrenatural. Si no hay ataduras, no hay daño en tener tales creencias. Pero entonces el problema es que la mayoría de la gente se enoja cuando sus expectativas no son honradas por el karma femenino. Tener un montón de expectativas y desilusionarse en una rápida sucesión puede hacerte emocionalmente inestable y desencadenar el desarrollo del trastorno de ansiedad.

CAPÍTULO 3: CÓMO LUCHAR CONTRA LAS EMOCIONES NEGATIVAS

Los seres humanos son criaturas profundamente emocionales. Casi todas nuestras decisiones están alimentadas por las emociones. Las emociones son responsables de algunas de las mayores hazañas de la historia de la humanidad. Pero de la misma manera que las emociones nos ayudan a lograr, pueden muy bien arruinarnos. Cuando hablamos de ansiedad, en la mayoría de los casos, hablamos de emociones cargadas negativamente. A menos que encuentres una forma de superar tus emociones negativas, te va a costar mucho trabajo ser productivo. Los siguientes son algunos consejos importantes para ayudarte a superar tus emociones negativas.

- Ejercicios de respiración

No apreciamos lo suficiente la importancia de los ejercicios de respiración. Algunas personas parecen pensar que los ejercicios de respiración son fáciles. Pero no lo son. Al menos no cuando los haces bien. La explicación científica de cómo los ejercicios de respiración calman a una persona es que incrementan la ingesta de oxígeno y potencian los diversos procesos fisiológicos del cuerpo. Una vez que sientes que las emociones negativas se te acercan, deja de hacer lo que sea que estés haciendo, y busca un lugar cómodo y tranquilo. Puede realizar los ejercicios de respiración mientras está de pie o sentado. Empiece cerrando los ojos y poniendo ambas manos en el pecho. De la forma más lenta, aspire el aire por la nariz y expúlselo por la boca. A medida que inspira y espira, empiece a imaginar las emociones negativas dejándolo solo. Este ejercicio tiene un efecto extremadamente calmante. El problema de la mayoría de las personas es que empiezan a luchar contra las emociones negativas en lugar de practicar el ejercicio inmediatamente. Es mucho más fácil luchar contra las emociones negativas cuando se empieza pronto que esperar a que las emociones se vuelvan demasiado complejas.

- Cuestiona los pensamientos que hay debajo

Siempre que tienes una emoción negativa, normalmente depende de un cierto pensamiento. Por ejemplo, si eres un tipo en la universidad y embarazas a una mujer, es probable que te encuentres en una situación difícil. Algunas de las emociones negativas que puedes tener incluyen sentimientos suicidas o irritables. Ahora, para superar estas emociones negativas, tienes que cuestionar el pensamiento que hay detrás de esa emoción. Realizar este ejercicio con éxito requiere que el individuo sea extremadamente consciente de sí mismo. Si usted desarrolla emociones negativas sobre alguien, pregúntese si está tratando de entrar en sus mentes. En la medida en que a veces ser intuitivo ayuda, podemos encontrarnos cometiendo errores como resultado de la lectura de la mente de otras personas. Las personas con tendencia a la catástrofe corren el riesgo de desarrollar emociones particularmente negativas. Por ejemplo, si estás trabajando en un proyecto y cometes un pequeño error, puedes pensar que el proyecto fracasará, y entonces desarrollarás emociones muy negativas.

- Mira el lado positivo

La mayoría de las personas experimentan emociones negativas porque se niegan a sí mismos la oportunidad de ver el lado positivo. El hecho es que hay un lado positivo en cada situación negativa. Por ejemplo, si tomas el auto de tu mamá y lo chocas, obviamente te sientes mal por el accidente. Pero en el lado positivo, todavía estás vivo. Teniendo en cuenta que tanta gente muere en accidentes de tráfico en un año, se supone que debes estar agradecido. Por supuesto, cuando se experimentan emociones negativas, es muy difícil ser objetivo y decir que se van a buscar las cosas positivas que suceden en la vida. Pero entonces tienes que empezar a practicar. Mirar el lado positivo es una indicación obvia de que eres una persona agradecida. Tal hábito no sólo te permite superar tu emociones negativas, pero también te ayuda a llevar una existencia plena.

- Concentrarse en los demás

Es increíble que puedas resolver tus problemas centrándote en otras personas. A veces desarrollamos emociones negativas como resultado de nuestra incapacidad para ajustarnos. Si pudiéramos concentrarnos en lo que dicen los demás, lo pasaríamos muy bien. La persona promedio está programada para enfocarse sólo en la perspectiva, y puede ser un poco difícil considerar lo que todos los demás están diciendo. Por ejemplo, si has estado trabajando tan duro en tu negocio, y todavía no has encontrado ningún avance, deja de recordarte a ti mismo todos los sacrificios que has hecho, añade en su lugar el enfoque en lo que los clientes están diciendo. Por supuesto, es triste no lograr tu objetivo, pero al dirigir tu atención a los clientes, te das cuenta de que en realidad estás desempeñando un papel importante, que el éxito no se mide en términos de blanco o negro, y que hay una zona gris, de la que deberías estar orgulloso. También ayuda ver tus problemas a través de los ojos de otras personas. Tal vez tal acción te inspire a tomar un enfoque diferente que resulte precisamente en lo que quieres.

- Practique la atención

La conciencia es vivir el momento. Las emociones negativas tienen una forma de impedir que vivas tu vida al máximo. Podrías estar almorzando, pero sin prestar atención al sabor de la comida, simplemente porque estás estresado por lo que está pasando en tu vida. La atención consciente consiste en alejar la mente de todas esas cosas que te estresan y poner tu mente en lo que estás haciendo en ese momento. Así que, en lugar de sentarse a almorzar y dejar que tus pensamientos corran con la negatividad, trata de concentrarte en tu comida. La práctica constante de la atención no sólo elimina las emociones negativas, sino que disminuye el estrés y promueve la salud del individuo. Practicar la atención plena puede ser mentalmente agotador, pero los resultados valen la pena.

- Ser autocompasivo

Lo que pasa con la mayoría de la gente es que estamos tan empeñados en tener éxito, en conseguir precisamente lo que queremos, pero terminamos siendo demasiado duros con nosotros mismos. Una de las formas de combatir las emociones negativas es a través de la autocompasión. Si has pasado por una mala racha, no te limites a entrar en la siguiente tarea, sino que tómate un tiempo para recuperarte. Durante este tiempo, puede consolar su cuerpo y tomar alimentos saludables. Usted también puede querer escribir una carta a usted mismo mientras enumera todas las cosas buenas de usted mismo. Y reconoce todas las áreas en las que estás luchando y date ánimo. Hay tanta gente ahí fuera que está lista para derribarte. Por lo tanto, siempre debes animarte, ser compasivo contigo mismo, para que puedas tener la energía para lidiar con las cosas desagradables de ahí fuera.

- Viaja

Si has tenido una semana difícil, experimentando el equivalente a bombas emocionales dentro de tu cabeza, espera a que llegue el fin de semana. Y entonces podrás subir al tren y viajar tan lejos como el tren lo permita. Viajar a nuevos lugares ha demostrado tener un efecto positivo en tu estado mental. Las emociones negativas son una energía. Si te quedas en el área donde experimentas eventos desagradables, la energía negativa se difundirá en tu mente, y será difícil romper el ciclo de las emociones negativas. Precisamente por eso se aconseja a las parejas que se alejen de una habitación poco después de haber peleado y haberse dicho cosas desagradables; la negatividad cuelga en la habitación como una nube espesa y es muy fácil aprovecharla. Así, viajando, podrán alimentar su mente con nuevas experiencias y olvidarse de sus problemas. También puedes inspirarte y encontrar una solución a tus problemas.

- Enfrenta tus miedos

A veces experimentamos emociones negativas porque el cerebro nos llama para que tomemos ciertas medidas. Si somos rehenes del miedo, puede ser extremadamente difícil tomar una acción positiva. Pero entonces esto es lo que debemos hacer para experimentar la felicidad. Por ejemplo, si estás solo, debes sentirte mal por ello. Tu cerebro te hará sentir terrible. Para superar este sentimiento, es necesario salir y buscar una pareja. Para ello, tendrás que enfrentarte a uno de tus mayores miedos que es hablar con la gente. Tanta gente con gran potencial lleva vidas mediocres debido a su miedo. El secreto del éxito es conquistar el miedo.

- Rodéate de gente positiva

Si sales con personas negativas, es probable que experimentes emociones negativas, y si sales con personas positivas, obviamente experimentarás emociones positivas. Puedes saber fácilmente si una persona es negativa escuchando sus palabras y observando sus acciones. Si encuentras que están diciendo cosas negativas o actuando de manera negativa, entonces tienes todo el derecho de separarte. Por supuesto, no es fácil separarse de las personas a las que estás acostumbrado, pero entonces, ¿cuál es la alternativa? Busca a gente que te levante el ánimo y que sea una influencia positiva en tu vida. Tener amigos cercanos que son positivos minimizará las posibilidades de que cometas errores.

- Evite reaccionar de forma exagerada

Algunas emociones son tan poderosas, que no podemos tomar ciertas medidas. Pero el secreto de la autorregulación emocional, la capacidad de restringirte a ti mismo de tomar cierta acción que bien sabes que es negativa. Por ejemplo, si alguien le dice algo desagradable a su hijo, puede iniciar sentimientos profundos dentro de usted, y hacer que usted quiera golpearlos. Pero entonces debe preguntarse cuál será el resultado de esa acción; podría acabar yendo a la cárcel, y entonces estaría lejos del niño que creía que estaba protegiendo. Si has tenido una tendencia a reaccionar de forma exagerada durante toda tu vida, puede ser muy difícil llegar a ser medido en tus acciones, pero como en todas las cosas a través de la práctica puedes perfeccionar el arte de controlar tu reacción.

- Deja de culpar a otras personas

Si tienes tendencia a culpar a otras personas por lo que sientes, entiende que te niegas a ti mismo la oportunidad de convertirte en una mejor persona. Las personas que culpan a otros son simplemente débiles. No importa que las acciones responsables de tus emociones pertenezcan a otros, pero entiende que esas son tus emociones. Al tomar posesión de tus emociones estás en posición de impulsar tu autorregulación emocional y convertirte en el la mejor versión de ti mismo. En lugar de culpar a otras personas, mira las diversas acciones que puedes realizar para remediar la situación. Al desarrollar la mentalidad de no culpar a otras personas, parecerás ser una persona entrañable.

- Diario

La investigación muestra que el diario puede ayudar a deshacerse de las emociones negativas. Por lo tanto, deberías adquirir el hábito de escribir los diversos sentimientos y pensamientos negativos que experimentas. Además de ayudarte a combatir las emociones negativas, el diario también ayuda a enmarcar tu naturaleza emocional. Si experimenta una emoción negativa en particular y consigue escribirla en su diario, acabará levantando el ánimo. Las investigaciones indican que las personas que escriben sus sentimientos tienen una mayor sensación de bienestar que las que no lo hacen. También es increíblemente importante anotar sus sentimientos que conducen a un evento importante. Este ejercicio le ayuda a aumentar su nivel de confianza. Registrar en un diario le da al observador la oportunidad de entenderte y también elimina las posibilidades de vender falsedades sobre ti.

- Cambiar la rutina

Si estás tan acostumbrado a una rutina en particular, puede ponerte de los nervios. Por ejemplo, si estás acostumbrado a tener sexo en un solo estilo, puedes decidir que tu vida sexual es aburrido, y luego empezar a lidiar con la culpa de querer engañar a tu pareja. Tal vez si cambiaras algo de tu vida sexual, todavía considerarías a tu pareja deseable. Cuando cambias la rutina, te permites experimentar cosas nuevas. También es una forma de ejercitar tu creatividad. Asegúrate de estar al día en varias cosas que sucedan para que puedas tener ideas sobre cómo darle sabor a tu vida.

- No sienta lástima de sí mismo

Ser autocompasivo es suficiente. Cuando empiezas a sentir lástima de ti mismo te niegas la oportunidad de ser una persona fuerte. También debes entender que nadie se preocupa por ti. Y así, cuando intentas ponerte delante de los demás y hacerles parecer que tienen todo el poder y que estás a su merced, estarás invitando innecesariamente a los depredadores. Esto no es para dar a todos los seres humanos un juicio general, el hecho es que hay personas en la sociedad que se aprovechan de los débiles. Hay un mundo de diferencia entre pedir ayuda y hacerse pasar por una víctima. Asegúrate de ser lo suficientemente fuerte para enfrentar tus desafíos.

- Ejercicio

Si te sientes terrible, tal vez todo lo que necesitas para sentirte bien de nuevo es hacer ejercicio. Considerando la cantidad de conocimiento a nuestra disposición, ni siquiera tienes que tienen dinero para hacer ejercicio. Puedes simplemente entrar en YouTube y buscar un video que te ayude a realizar ejercicios de mano libre. Pero si tienes el dinero, no hay ningún problema en gastarlo en una membresía de gimnasio. El ejercicio no sólo hace que tus emociones negativas desaparezcan, sino que también mejora la salud de la piel, la salud digestiva, la salud del corazón y el aspecto físico. Para obtener los máximos beneficios del ejercicio, asegúrate de realizarlo diariamente en lugar de hacerlo por temporadas.

- Lenguaje corporal

Los estudios muestran que nuestro lenguaje corporal tiene un efecto importante en cómo nos sentimos. Si estamos encorvados, tendemos a sentirnos fatal. Pero cuando te paras o te sientas derecho, tu cerebro entiende que estás seguro, y esto elimina los sentimientos negativos. Además de ayudarte a superar los sentimientos negativos, el lenguaje corporal correcto hace que otras personas te respeten. Entonces, ¿qué constituye el lenguaje corporal apropiado? Tienes que estar erecto, hablar con un tono uniforme, mantener contacto visual con otra persona o grupo, y demostrar que estás interesado en lo que la otra persona está diciendo.

- Dése el gusto en su hobby

Uno de los pasatiempos del presidente de los Estados Unidos, Donald Trump, es jugar al golf. Usted lo atrapará jugando al golf cuando tiene tiempo. Entonces, ¿cuál es tu hobby? Sea lo que sea, asegúrate de no jugar sólo cuando tengas tiempo, sino también cuando tengas problemas emocionales. Piense en ello. Tu hobby debe ser una de las cosas que te hacen realmente feliz. Por lo tanto, si te dedicas a tu hobby cuando te sientes deprimido, saldrás de él sintiéndote realmente bien. Las personas que disfrutan de sus hobbies son más estables emocionalmente que las que no se complacen en ningún hobby.

- Sé amable.

La investigación muestra que somos felices cuando realizamos un acto de bondad. Así que, si te sientes deprimido, una de las formas de recuperar el ánimo es a través de la práctica de la bondad. Y ser amable no se trata de gastar millones. Se trata de dar con mucho amor. En realidad, lo más valioso que puedes dar es tu tiempo. Cuando realizas una actividad que lleva el sol a la vida de otras personas, puede ser una experiencia increíblemente conmovedora. Además de mejorar tu estado mental, la amabilidad te permite fomentar las relaciones con otras personas.

- Cambia tu trabajo

Tal vez la razón por la que eres tan inestable emocionalmente es por tu trabajo. Si ese es el caso, no hay nada malo en entregar tu carta de renuncia, y buscar un trabajo que te haga feliz. Muchos estudios han demostrado que no sólo tenemos menos probabilidades de rendir si aceptamos un trabajo, sino que también corremos el riesgo de desarrollar inestabilidad emocional. Si trabajas para un jefe que es malo y cruel, es probable que desarrolles sentimientos negativos, y a largo plazo, estos sentimientos negativos podrían agravarse y convertirte en una persona totalmente diferente.

- Humor

Nunca está de más afrontar tu inestabilidad emocional con sentido del humor. En lugar de ser siempre pesimista sobre tu vida, aprende a ver el humor en ella. Se necesita una persona especialmente inteligente para tener siempre humor. Pero también es algo que puedes aprender. Si puedes permitirte reírte de ti mismo, demuestra que tienes la mentalidad adecuada para el éxito. Al tener sentido del humor cuando enfrentas los desafíos de tu vida, te das el poder de ser creativo, y una vez que estos desafíos son superados, ganas la ventaja.

CAPÍTULO 4: TÉCNICAS DE TCC PARA EL TRATAMIENTO DE LA ANSIEDAD CRÓNICA

Hay varias técnicas usadas en el corte. La mayoría de estas técnicas pueden utilizarse en el contexto del tratamiento y también, pueden utilizarse en el hogar. Las siguientes son las técnicas de corte más comunes utilizadas en el tratamiento de la ansiedad.

- Escribir sus sentimientos y pensamientos Le sorprendería la cantidad de pensamientos que experimenta en un día determinado.   Son prácticamente incontables. Considerando que las emociones son impulsadas por los pensamientos, es importante ser consciente de lo que precisamente estás pensando. Por supuesto, no puedes adquirir el hábito de escribir todo lo que piensas o todo lo que pasa por tu mente. El practicante de corte te ayuda a entender la importancia de anotar tus pensamientos y emociones. Te ayuda a llegar a un punto en el que te sientas cómodo contigo mismo y puedas asumir cualquier emoción que venga después. Para poder anotar tus pensamientos y sentimientos de la manera adecuada, tienes que ser una persona muy observadora. Asegúrate de tener siempre los ojos fijos en lo que está pasando a tu alrededor y en cómo reacciones a cualquier cosa está sucediendo a tu alrededor. Cuanto más habilidades de observación tengas, más exacto será tu diario.

Ser capaz de escribir los pensamientos y sentimientos claves que experimentas te permite planear tu vida de la manera que quieres que resulte. Es a través de los diarios que puedes ver el lado oscuro de ti, del que no necesariamente estás orgulloso. Escribir un diario también te permite ser capaz de entender tus motivaciones.

Por ejemplo, si estás en un punto de tu vida en el que luchas con la negatividad y la ansiedad, como resultado de la soledad, tal vez quieras empezar un diario y ver cómo resultarán las cosas. Te darás cuenta de que hay ciertas situaciones que evocan ciertas emociones. Por ejemplo, si corres hacia una mujer hermosa, puedes sentirte abrumado por tu ansiedad, simplemente porque tu miedo al rechazo se magnifica. Escribir con precisión lo que has experimentado te ayuda a identificar los desencadenantes de tu ansiedad y esto te permite encontrar una solución duradera.

- Confronte sus percepciones erróneas

La mayoría de nosotros tenemos varias creencias que no son necesariamente verdaderas. Y esto hace que nos afecten cosas que no afectan a la persona promedio, bien ajustada. Con el fin de hacer frente a sus percepciones erróneas, es necesario primero dar un paso adelante en su lado introspectivo, y desarrollar su habilidades de pensamiento crítico. Además, debes ser bueno en la observación del mundo que te rodea. Si estás luchando con la ansiedad como resultado de pensar que eres feo, sólo cuestiona esa creencia. Los estudios muestran que incluso las chicas que valen como modelos no están libres de esa trampa de pensar que son feas y por lo tanto desarrollan sentimientos poco saludables. Una chica puede parecer perfecta, pero sin que el mundo lo sepa, podría estar luchando contra problemas de inseguridad muy profundos. Y esto hará que tenga una baja opinión de sí misma y que otras personas se aprovechen de ella. Así que, para una chica así, sería crítico que se mirara a sí misma con una perspectiva fresca, y se diera cuenta de que aunque no sea perfecta, no significa que sea tan fea como el pecado. Se necesita un gran coraje para admitir que se ha mantenido una creencia engañosa todo el tiempo y hacer un esfuerzo para cambiar las cosas. Cuando te enfrentes a tus percepciones erróneas, estarás en posición de identificar otras cosas que están mal en tu vida. Le dará el impulso y el poder de superar varios problemas que le afectan y estará listo para disfrutar de una vida fructífera. No muchas personas se sienten cómodas siendo honestas consigo mismas. La mayoría de la gente quiere aferrarse a las falsedades y pensar que de alguna manera trabajarán en torno a su percepciones erróneas y alcanzar sus importantes objetivos de vida.

Exposición

En vez de huir de tus miedos, deberías abrazarlos. La idea es que te recuperarás de tu ansiedad crónica cuando te des cuenta de que tus miedos son meramente imaginarios, no reales. Por ejemplo, si le teme a la oscuridad, debería asegurarse de pasar tiempo en un cuarto oscuro. Por supuesto, nada le hará daño, y esta comprensión le ayudará a superar su ansiedad crónica. Si le asusta demasiado hablar con miembros del sexo opuesto, hable con ellos y se dará cuenta de que no puede ir mal. Para practicar el método de exposición, se necesitará mucha fuerza de voluntad de su parte, ya que se está moviendo de su zona de confort, pero las recompensas bien valen la pena.

CAPÍTULO 5: CUESTIONES INDUCIDAS POR LA ANSIEDAD QUE ARRUINAN LAS RELACIONES

La mayoría de las personas tratan de ocultar el hecho de que están luchando con la ansiedad. Pero no importa cuán grandes sean los esfuerzos, siempre sale a la luz que algo anda mal. Puede ser bastante difícil mantener relaciones estrechas cuando la ansiedad entra en la mezcla. Por lo tanto, si no tienes cuidado, puedes poner en peligro tus relaciones importantes. Las siguientes son algunas de las formas en que la ansiedad complica las relaciones.

- Confianza rota

La gente ansiosa opera con el miedo. Están literalmente asustados de todo. En una relación, siempre pensarán que la otra persona va a por ellos, lo que invita a la fricción en la relación. Como la persona ansiosa duda de lo que su pareja está haciendo, la tensión resultante promueve una actitud de hostilidad hacia el otro, y en última instancia conduce a la ruptura de la confianza. Una vez que se da cuenta de que su ansiedad le hace dudar de su pareja, debe ejercitar la moderación. Incluso pueden dar el paso extra de explicarle a su pareja lo que está pasando. Una vez que la confianza se ha ido en una relación, el siguiente paso natural es la muerte de la relación.

- Causa que la gente no sea auténtica

Es muy común que las personas ansiosas traten de ser lo que no son. Sienten que les falta algo. Desarrollan una mentalidad de tener algo que probar. Como resultado de tratar de ser alguien que no son, su pareja se apaga, y pueden sentir la necesidad de terminar la relación. La razón por la que alguien está contigo puede ser por una cierta cosa, y así una vez que dejas de exhibir esa cualidad, la atracción se desvanece, y la persona se siente como si hubiera sido engañada, lo que naturalmente resulta en una ruptura.

- La ansiedad promueve el egoísmo

Debido a que la ansiedad activa la respuesta de miedo en una persona, ésta se centra más en sus problemas, ignorando el hecho de que una relación necesita la aportación de ambas partes para poder progresar. El egoísmo en una relación hace que las parejas se traten a sí mismas como rivales, nunca como compañeros, y luego desarrollan sentimientos amargos hacia el otro, y al final, la relación se daña más allá de toda reparación. Si no eres consciente de ti mismo, no te darás cuenta cuando actúes de manera egoísta, pero pensarás erróneamente que estás cuidando de ti mismo.

- Aislamiento

La ansiedad hace que quieras estar solo, y ese hábito no es saludable para una relación. Una vez que las parejas están aisladas durante demasiado tiempo, se convierten en extraños el uno al otro, esto resulta en la muerte natural de su relación. La razón principal por la que una persona ansiosa quiere estar sola es que se siente inadecuada. Se sienten como si no merecieran amor. Pero entonces aislarse a sí mismo tiene implicaciones negativas mucho mayores. Para que la relación sea fuerte, las partes involucradas deben trabajar juntas, pero no es así cuando las personas se aíslan. Siempre asegúrese de no estar lejos de su pareja.

- Pérdida de la alegría

La ansiedad hace que no quieras salir de la cama. Sientes que el mundo está en tu contra. Te hace perder la alegría. Una vez que la alegría se ha ido, no tienes el impulso de convertirte en una mejor persona. Pierdes el interés en las cosas que una vez disfrutaste. Durante esta fase, puede parecerle a tu pareja que te has convertido en una persona totalmente diferente, lo que invita a la ruptura de tu relación. Siempre sea consciente de que no está perdiendo su alegría porque eso puede convertirse en un gran revés. No quieres que tu pareja tenga una impresión equivocada de ti. Esto no significa que usted debe estar celebrando todo el tiempo. La ansiedad te hace pensar que no vale la pena vivir la vida. Pero debes superar ese pensamiento encontrando cosas bonitas que hacer.

- Impaciencia

La ansiedad hace que la persona que la sufre sea bastante impaciente. No tienen paciencia consigo mismos ni con otros seres humanos. Esto causa que las personas sean hostiles entre sí. Seguro que no puedes vivir con tu pareja si son hostiles. La mayoría de la gente que es impaciente con los demás tiene una actitud de derecho. Te hace parecer que tus necesidades son mucho más importantes que las de la otra persona. Para superar la impaciencia, tienes que estar dispuesto a desarrollar tu autoconciencia, tienes que pensar a través de tus palabras y acciones, para que puedas revisarte a ti mismo cuando sea necesario.

- Irritable

Las personas ansiosas tienen un problema de irritabilidad. Son fáciles de molestar. Es difícil llevarse bien con alguien que es irritable. La irritabilidad envía un mensaje equivocado a tu pareja. Les hace pensar que los encuentras desagradables. La irritabilidad hace que su pareja se ponga a la defensiva. Bajo tales circunstancias, es difícil tener una relación de beneficio mutuo. Tu pareja se siente robada. Es realmente importante tener conciencia de su irritabilidad causada por la ansiedad. Si puedes explicarlo a tu pareja, eso es genial, pero es mejor cuando regulan su comportamiento.

- Ser pegajoso

La gente ansiosa siente que algo está mal con ellos. Pueden pensar que alguien más puede arreglarlos. En tal situación, la persona ansiosa tratará de aferrarse a su pareja. Una vez que este comportamiento se vuelve demasiado, la pareja comenzará a resentirse con ellos. Y por supuesto, una vez que el resentimiento entra en escena, la relación está frita. Puede ser difícil darse cuenta de que está pegajoso. Pero si notas que no dejas que tu pareja siga con su trabajo por culpa de que la culpa le haga pasar más tiempo contigo, obviamente estás siendo pegajoso. Puede que quieras encontrar algo que hacer con tu tiempo.

- Sospecha

Es común que las personas ansiosas sientan que las personas en sus vidas están tramando algo. Y que eso les hace comportarse de una manera dudosa. No hay nada peor que tener una pareja siempre sospechosa. Su sospecha se insinúa con las preguntas, actitudes e incluso comentarios, y más allá de cierto punto, se vuelve bastante claro que su pareja sospecha de ellos. Y esto hace que su pareja desarrolle un resentimiento y ponga en peligro la relación.

- Pérdida de confianza

La gente ansiosa tiene poca confianza. Tienden a pensar demasiado. Y son extremadamente conscientes de lo que todos los demás dicen de ellos. Y esa mentalidad les impide tener confianza. Como resultado, no logran grandes relaciones con otros seres humanos. Su falta de confianza hace que se conviertan en personas complacientes.

CAPÍTULO 6: PROTEJA SUS RELACIONES CONTRA LA ANSIEDAD

No importa quién seas y de dónde seas, no puedes huir de este hecho. Siempre necesitarás otros seres humanos. La gente que es buena para establecer relaciones tendrá un fácil logro de sus objetivos. Pero las personas que no tienen idea de cómo formar relaciones gratificantes, lo más probable es que no alcancen sus objetivos. Las relaciones son el corazón del éxito. Los revolucionarios como Steven Jobs creen que se necesita un equipo para lograr algo grande. Por lo tanto, esto es algo de lo que no se puede huir. Tienes que mejorar en el establecimiento de grandes relaciones con otros seres humanos.

La ansiedad obviamente puede impedir que establezcas grandes relaciones con otros seres humanos. Esto es lo que deberías saber sobre cómo proteger tus relaciones de la brutal garra de la ansiedad.

- Aumenta tu autoconciencia

Una persona consciente de sí misma siempre tiene el control. Es consciente de lo que dice y lo que hace. Y por esa razón, casi nunca se arrepienten de sus palabras o acciones. Siendo La conciencia de sí mismo significa que te conoces a ti mismo. Significa que no actúas por impulso. La gente consciente de sí misma es consciente de sus valores. Y no tienen miedo de defender sus valores. Se involucran en la autorreflexión y si descubren que han hecho algo malo, no dudarán en rectificarlo. Al aumentar su autoconciencia, se darán cuenta de que todas las personas tienen defectos y eso evitará que sean demasiado duros consigo mismos.

- Aumenta tu autorregulación emocional

Una de las razones por las que no podemos contenernos es por nuestra incapacidad de controlar nuestros pensamientos. Nos encontraremos en varias situaciones que nos harán emocionales. Pero es la capacidad de controlar nuestras emociones lo que determinará nuestro carácter. Alguien que no puede regular sus emociones actuará de una manera menos que desagradable. Pero alguien que puede regular sus emociones actuará de una manera bastante aceptable. Alguien con una gran capacidad para regular sus emociones será lo suficientemente inteligente como para saber cuándo su ansiedad le tienta y saltará el obstáculo. Así, si su pareja ha hecho algo exasperante, nos tomaremos el tiempo de procesar toda la situación antes de que pueda actuar.

- Priorizar los asuntos

Siempre asegúrate de saber qué es mucho más importante que lo siguiente en tu vida. Para Por ejemplo, si eres una mujer casada con dos hijos, tu matrimonio y tus hijos deberían ser más importantes que todo lo demás. En ese caso, tendrás más paciencia cuando trates con tus hijos y tu cónyuge, a diferencia de cuando trates con otras personas. La ansiedad tiene una forma de confundirte para que no te des cuenta de lo que más te importa, haciendo que actúes de forma imprudente, para luego volver a tus cabales una vez que el daño está hecho.

- Diario

La investigación ha demostrado sistemáticamente que el diario promueve las emociones saludables. Para proteger tu relación contra la ansiedad, asegúrate de escribir todos los momentos agradables de tu relación. Esto promoverá una mentalidad saludable hacia su pareja. Si no adquiere el hábito de llevar un diario, puede ser muy fácil dar por sentado a su pareja. Al anotar los aspectos positivos de una relación, se da la oportunidad de apreciar aún más a su pareja, y lo desalienta de enfatizar los aspectos negativos.

- Pida apoyo

Si tienes tantos papeles que cumplir, puedes fácilmente agobiarte, desarrollar una actitud equivocada y eventualmente desquitarte con tu pareja. Pero hay no hay que avergonzarse de pedir apoyo. A la mayoría de la gente le cuesta llegar a los demás simplemente por su ego. Pero si puedes superar tu ego y tu orgullo encontrarás que mucha gente está ansiosa por ayudarte. Cuando recibes ayuda de otros, eso aliviará tu carga mental, y te pondrá en una actitud muy positiva. Pero entonces querrás acercarte al "es" de la manera correcta. Sólo busca ayuda cuando realmente la necesites. De lo contrario, la gente podría pensar que eres un usuario.

- Deja que tu pareja sepa de tus luchas

Si estás luchando con una ansiedad crónica, tus acciones parecerán extrañas a tu pareja. En lugar de desear que el asunto desaparezca, tómelo como una oportunidad para abrirse a su pareja. Háblele de su lucha con la ansiedad crónica, y adviértale que su ansiedad puede interferir con su juicio. Su pareja pensará que usted es muy considerado. Tal apertura usualmente fortalece los lazos de una relación. Por otra parte, el hecho de que su pareja lo acepte sin importar su condición, no es una invitación abierta a actuar de manera irreflexiva.

- Practique la atención

La mayoría de las personas que luchan contra la ansiedad tienen una mente hiperactiva. Y esto les roba la capacidad de disfrutar del momento presente. Están luchando con los miedos, tanto reales como imaginarios, lo que sea que estén haciendo en este momento, no prestan suficiente atención. Por ejemplo, podrían estar sentados para desayunar con su familia, pero sus mentes están lejos, tal vez preocupados por el contrato que están persiguiendo. La ansiedad les impide disfrutar del desayuno. Practicar la atención es enseñarse a sí mismo a vivir el momento. Si estás comiendo comida, concéntrate en eso, para que percibas el sabor, la textura y el aroma de tu comida. La atención plena promueve la positividad. Y te da más energía mental.

- Tener un hobby

Es aún mejor cuando tú y tu pareja tienen el mismo hobby. Los estudios muestran que la mayoría de las personas mentalmente sanas tienen hobbies. Puedes pasar a tu pasatiempo cuando sientas que tus emociones se están yendo de las manos. Pero entonces tu intención no debería ser huir del problema. Además de ayudarte a madurar emocionalmente, cuando tu pareja se dedica a un hobby, se acercan el uno al otro.

CAPÍTULO 7: ESTABLECIMIENTO DE OBJETIVOS

Para superar la ansiedad, debes hacer algunos cambios en tu vida. Pero los cambios no son fáciles. Tienes que trabajar para conseguir los resultados que quieres. Una de las maneras de lograr estos resultados es a través de la fijación de objetivos. Es un arte. La mayoría de la gente que da un giro a su vida es buena para establecer objetivos.

Estos son algunos consejos importantes para establecer metas.

Sean realistas

Si estás luchando con la ansiedad como resultado de un fracaso, debes tener especial cuidado con este. La mayoría de la gente parece vivir en una fantasía. Parecen no ser conscientes de su verdadero potencial. Y esto hace que sobreestimen el poder. Y cuando la realidad llama a la puerta, la persona se encuentra atrapada en un ciclo de negatividad y ansiedad. Si quieres lograr tus objetivos tienes que ser realista sobre ellos. Por ejemplo, si eres un desertor escolar con habilidades limitadas, no puedes aspirar a establecer un negocio multimillonario en un sector del que no tienes idea. En su lugar, debes establecer un objetivo que esté a tu alcance.

Sé específico

Algunas personas hablan en términos vagos. Es difícil entender precisamente lo que están buscando lograr. Para lograr un objetivo, tienes que ser lo más específico posible. Por ejemplo, si quieres empezar un negocio, no digas simplemente "quiero abrir un negocio este año". Tal declaración es muy general. Deberías decir en cambio, "Abriré un restaurante vegetariano en Manhattan". Ser específico acerca de tu objetivo te permite identificar todas las cosas que necesitas para lograr tu importante sueño.

Desglosar tus metas

La mayoría de la gente tiene un enfoque muy rígido hacia sus objetivos. Esta mentalidad les impide alcanzar el éxito. Hay tres grandes categorías de objetivos: objetivos a corto, medio y largo plazo. Debes tener muy claro en qué categoría encaja tu objetivo. La importancia de clasificar tus metas es que te ayuda a desglosarlas. Los estudios muestran que tienes muchas más posibilidades de éxito si trabajas por partes, en vez de hacer todo el trabajo de una sola vez.

Señala tus obstáculos

No importa lo que decidas perseguir, espera que siempre te encuentres con problemas. No importa qué objetivo tengas, los obstáculos siempre te visitarán. Pero entonces...

los obstáculos están destinados a ser superados. Es mucho más fácil superar los obstáculos cuando eres consciente de ellos. Para identificar correctamente tus obstáculos, tienes que desarrollar tus habilidades de observación. Esto te permite ver lo que está sucediendo y lo que potencialmente podría detenerte. Pero también es importante cuestionar la veracidad de tus creencias. Podrías pensar que algo es un obstáculo cuando en realidad no lo es. Así que asegúrate de desarrollar tu pensamiento crítico.

Salga de su zona de confort

La razón por la que la mayoría de la gente tiene vidas mediocres, es porque no están dispuestos a desafiarse más. Se vuelven demasiado complacientes. Una meta digna tiene un precio enorme. Pero tristemente, la mayoría de la gente quiere estar segura, lo que les desanima a desafiarse a sí mismos. Considerando los desafíos con los que un hombre ansioso debe vivir, se necesitará un esfuerzo extra para superar la ansiedad y llevar una vida plena. La gente tiene miedo de probar cosas que perciben que están más allá de ellos, pero lo único que necesitan para salir adelante es una buena imaginación y coraje.

El aspecto del tiempo

Es bueno que quieras cambiar tu estado financiero y tal vez convertirte en millonario. Pero entonces, ¿cuánto tiempo te llevará? Por supuesto, cuanto antes mejor. Pero entonces tienes que llegar a una fecha precisa antes de ...que debe cumplir su objetivo. La mayoría de la gente parece fijarse una meta sin prestar atención al hecho de que una buena meta debe tener una fecha límite. El aspecto del tiempo asegura que actúes lo suficientemente rápido.

Identificar los modelos

La mayoría de la gente quiere imaginar que son de alguna manera especiales que todos los demás, e incluso si eso puede ser cierto hasta cierto punto, nuestras ideas parecen muy juntas. ¿Tiene algún pensamiento propio que considere extremadamente novedoso? Lo más probable es que alguien más haya pensado en ese mismo pensamiento muy pronto. Esto demuestra que su pensamiento puede haber tenido éxito ya. Por eso es importante estar atento a todos los parientes de éxito de su idea. Es mucho más probable que te envalentones cuando notes que tu modelo funciona.

Siempre cuídese

Lo aceptes o no, al final del día, eres la única persona que tiene mucho que hacer. Tienes que tener mucha energía para lograr resultados estelares. Una de las formas de mantener tus niveles de energía altos es a través de un autocuidado. Asegúrate de que siempre estás invirtiendo en ti mismo. Pero entonces cuidarte no significa que debas quebrar un banco. En realidad, las cosas que necesitarás para mejorar la calidad de tu vida están casi siempre disponibles.

Utilice el poder de la visualización

Visualizar es la capacidad de un individuo para usar el ojo de la mente. Puede estar físicamente en los barrios bajos. Pero mentalmente en palacio. Esto indica que estás buscando salir de la barriada y vivir en una gran área. Visualizar no te dará fuerza sobrehumana, pero te ayudará a ser refinado y articulado para ir por lo que quieres,

Afirmaciones

No siempre te sentirás como un conquistador, está bien. A veces piensas que eres la cosa más asquerosa del mundo. Pero entonces no debes dejar que estas voces negativas te abrumen. Desarrolla el hábito de cantar afirmaciones positivas. Los estudios muestran que las afirmaciones positivas tienen una gran influencia positiva en nuestras mentes.

Cree en ti mismo

Al final del día, vivimos en un mundo despiadado, donde la debilidad es castigada. Difícilmente puedes lograr tus objetivos si no tienes una firme creencia en ti mismo. Una vez que empiezas a lograr algo, espera encontrarte con gente que no te creerá, gente que te hará a un lado. Pero entonces si crees en ti mismo te enfrentarás a cada desafío que pueda lograr tus objetivos.

CAPÍTULO 8: CONSEJOS PARA MEJORAR LA CONEXIÓN ENTRE LA MENTE, EL CUERPO Y EL ESPÍRITU

La mayoría de las veces, cuando pensamos en la salud, la dieta es lo primero que nos viene a la mente. Pero entonces la salud es mucho más que eso. Para estar libre de ansiedad debemos encontrar un gran equilibrio entre la mente, el alma y el espíritu. Lo bueno de esto es que no hay que tener millones para lograr un equilibrio. Cuando te ocupas de estas áreas importantes, te das el poder de superar la energía negativa, y llevar una vida plena. Los siguientes son algunos consejos para establecer un equilibrio entre tu mente, alma y espíritu.

Lea libros

En esta era de Internet, la información se ha vuelto fácilmente accesible, y la mayoría de la gente se ha vuelto perezosa. Nada supera el viejo y buen hábito de la lectura. La lectura de libros alimenta tu mente. Está despertando tu vena creativa. En la medida en que la vida moderna puede ser agitada, deberías encontrar el tiempo para leer un libro. La presencia de Internet hace que la adquisición de libros sea bastante fácil. Puedes conseguir casi cualquier libro de Internet, ya sea en formato de libro electrónico o en papel. Leer libros puede ser un gran alivio para el estrés.

Meditación

En nuestra vida diaria acumulamos mucha carne de escoria. Si no nos deshacemos de esta escoria, podría impedirnos vivir nuestras mejores vidas. La mayoría de la gente se contagian de la contaminación de los trabajos y las relaciones. Y es su responsabilidad eliminar esta energía negativa. Uno de los mejores métodos de hacer esto es a través de la meditación. La belleza de la meditación es que cualquiera es bienvenido a hacerlo. No tienes que pagar nada de dinero. Todo lo que necesitas es un ambiente tranquilo y cómodo. Los pasos para la meditación son bastante estándar, pero puedes infundir tu propio estilo para hacerlo más atractivo. La práctica estándar es asumir una posición cómoda, cerrar los ojos y observar la respiración profunda de forma lenta.

Practicar yoga

La diferencia entre el yoga y la meditación es simple. La meditación es todo acerca de la mente. Pero el yoga se trata tanto de la mente como del cuerpo. En cierto sentido, el yoga es simplemente meditación más ejercicios. El tipo de ejercicios que se practican en el yoga son principalmente ejercicios de estiramiento. Comienzas asumiendo una posición cómoda, meditando y luego realizando ejercicios de estiramiento. Las investigaciones demuestran que el yoga tiene muchos beneficios, entre los que se incluyen el fomento de la salud mental, la salud cardíaca y la salud de la piel.

Evita permanecer inmóvil

Una de las mayores desventajas de nuestro avance tecnológico es que nos hemos vuelto demasiado perezosos. Las máquinas pueden hacer todo por nosotros mientras estamos cómodamente sentados. Pero las investigaciones demuestran que estar sentado durante largos períodos de tiempo puede tener un efecto adverso en nuestra salud. Asegúrate de que te mueves de un lugar a otro a lo largo de tu día de trabajo. Esto fortalecerá sus tendones y le dará más años de vida. Cuando sienta que la energía negativa se acerca a usted, tal vez quiera dar un paseo, y mantenerse alejado del ambiente estimulante por un corto período de tiempo.

Levantar pesas

Es de sentido común que te sentirás mejor contigo mismo cuando tu cuerpo esté en forma. Pero entonces nunca conseguirás el cuerpo que siempre has querido con sólo desearlo. Tienes que ponerte a trabajar.

Encuentra un gimnasio local que se ajuste a tu presupuesto y empieza a levantar pesas. Por supuesto, quieres trabajar con un entrenador para que puedas tener resultados increíbles. Sería bastante deprimente tener partes del cuerpo desproporcionadas. Además de mejorar tu forma física, levantar pesas también mejorará tu funcionamiento fisiológico.

Conoce a la gente

Los humanos fueron creados para ser animales sociales. El aislamiento puede ser peligroso para su salud mental. Pero en la era moderna, la mayoría de la gente se encuentra llevando estilos de vida aislados. Si no se esfuerzan por conocer gente, pueden estar en gran desventaja para mejorar su salud mental. Uno de los mayores desafíos de conocer gente es la falta de habilidades sociales. Pero lo que hay que tener en cuenta es que todo se reduce a la confianza. Mientras estés dispuesto a salir a la calle, eventualmente desarrollarás la habilidad de interactuar con otros seres humanos. Mucha gente se encierra en sus casas, perdiendo la oportunidad de conectarse con otros seres humanos, esto puede tener un gran impacto negativo.

Comer más vegetales

Eres básicamente lo que comes. De hecho, los estudios revelan que la salud mental tiene una conexión con los alimentos que consumimos. Si consumimos alimentos no saludables, estamos obligados a desarrollar emociones no saludables, y viceversa. Las verduras son algunos de los alimentos más saludables, y sin embargo la mayoría de la gente se mantiene alejada de ellas, optando por una dieta carnívora. Las verduras son excelentes para nuestra salud mental, espiritual y física. No sólo están cargadas de nutrientes revitalizantes, sino también de agentes que combaten enfermedades.

Mostrar amabilidad

Muchos estudios muestran que la amabilidad es una de las cosas que nos hace verdaderamente felices. Nos sentimos bien con nosotros mismos cuando ayudamos a los demás. Algunas personas tienen la idea equivocada de que ayudar es sólo dar dinero. El mayor recurso que podrías regalar es tu tiempo. Busca organizaciones que atiendan a personas necesitadas y trabajen como voluntarios. Además de hacerte sentir bien contigo mismo, la amabilidad también juega un papel instrumental en el establecimiento de redes y en la unión de las personas.

Escuchar música

Dicen que la música es la vida. Y puedes decir mucho sobre la personalidad de alguien con sólo escuchar su música. La gente siempre te juzgará dependiendo de la música que escuches. Pero eso no viene al caso. La música fresca y relajante puede lavar las emociones negativas. Cuando te sientas abrumado, en lugar de sentarte y pensar demasiado, pon tu disco favorito y canta para eliminar el estrés.

Practica la gratitud

A menos que sepas cómo agradecer lo que tienes, no hay nada que pueda hacerte feliz. No tienes que ser millonario para estar agradecido. Pero si estás agradecido por lo que ya tienes se hace mucho más fácil adquirir aún más.

La gratitud te permitirá ser tú mismo. Sentirás menos necesidad de hacerte pasar por lo que no eres. Tal actitud invita a otras personas a tu vida. Pero ser un hombre llamativo envía un mensaje equivocado y al final pone a la gente en tu contra.

Sueño de calidad

La mayoría de la gente equipara el sueño de calidad con dormir durante un tiempo desmesurado. No podrían estar más allá de la verdad. El sueño de calidad se trata más bien de dormir en las condiciones adecuadas. Asegúrate de tener un colchón firme, una buena cama, y dormir en un ambiente sin distracciones. Los estudios muestran que las personas que duermen bien tienen una salud mucho mejor que las que tienen malos hábitos de sueño.

Declare su casa

Deshazte de las cosas que ya no necesitas, especialmente si tienen un historial negativo. Los objetos llevan energía negativa. Y estar cerca de un objeto cargado negativamente puede afectar a tus emociones. Deshacerse de las cosas que no te sirven te permitirá ser más libre en tu casa. Pero luego quieres vigilarte para no volverte demasiado obsesivo con ello. Si se deja sin control, tal mentalidad puede florecer en paranoia.

CAPÍTULO 9: CONSEJOS PARA EL EJERCICIO

El ejercicio es una de las mejores formas de eliminar la ansiedad. Cuando te das el gusto de hacer ejercicio, haces que tu cuerpo segregue las hormonas de la sensación de bienestar. Pero para cosechar estos beneficios tienes que hacer ejercicio regularmente. Los siguientes son algunos consejos importantes para ayudarte a hacer ejercicio de manera perfecta.

Calentamiento y enfriamiento

Una de las mayores razones por las que la gente se lesiona es por un tecnicismo en el ejercicio. La mayoría de la gente hace ejercicios pesados inmediatamente. Y esto aumenta las posibilidades de lesionarse. Si quieres practicar de la manera correcta, debes aprender a hacer calentamientos, justo antes de empezar, y enfriamientos, cuando termines. Los calentamientos pondrán tu cuerpo en el espacio adecuado para hacer los ejercicios. Y los enfriamientos asegurarán que tu cuerpo se sienta bien.

Escucha a tu cuerpo

Algunas personas piensan que hacer ejercicio equivale a sufrir dolor. En la medida en que no se puede excluir el dolor de los ejercicios, cuando se experimenta una lesión eso es algo totalmente distinto. Algunas personas pueden experimentar una lesión y no prestarle atención pensando que el dolor es normal. Asegúrate de que estás escuchando a tu cuerpo para que que si algo no se siente bien, puede detenerse inmediatamente y buscar atención médica. Para reducir al mínimo el riesgo de lesiones, es posible que desee entrenar con el personal de asistencia calificado.

Descanso

Algunas personas tienen un enfoque muy maquiavélico hacia el ejercicio. Piensan en términos de cantidad. Si se trata de levantar peso, irán a por las mancuernas o pesas más grandes disponibles. Y luego levantarán las pesas sin cesar. Por un lado, puede parecer que son muy trabajadores, pero en realidad están haciendo más daño que bien. Asegúrense de descansar después de realizar un entrenamiento. Esto es lo que te ayudará a lograr los resultados que deseas. Se ha demostrado que el ejercicio ayuda a las personas a mejorar su salud mental. Pero no te limites a practicar durante uno o dos días y luego abandónalo. Asegúrate de tener cierta consistencia.

Sé creativo.

Las directrices que debes seguir no están escritas en piedra. Si eres una persona creativa, puedes pensar en tus propios ajustes, dirigidos a modificar el régimen de ejercicios. Pero, por supuesto, no querrás desviarte tanto como para que el ejercicio pierda su atractivo. Una de las mejores maneras de mejorar tus ideas es a través de la lectura de revistas relacionadas con el ejercicio. Aumentará tu comprensión y también ampliar su imaginación. Cuando se tiene un enfoque creativo hacia el ejercicio, se termina teniendo los mejores resultados.

Mantente hidratado

Durante los entrenamientos intensos, tu cuerpo está liberando todo tipo de toxinas. Necesitas eliminar las toxinas de tu sistema, de lo contrario podrían afectar algunos de tus procesos fisiológicos. Una de las formas de eliminar estas toxinas es consumiendo agua. Asegúrate de tomar un poco de agua mientras haces ejercicio. El agua también aumenta los niveles de oxígeno en tu cuerpo. Y esto obviamente mejora tu resistencia. Teniendo en cuenta que los ejercicios mejoran su forma, el consumo constante de agua asegurará que su piel tenga el brillo, lo que hace que su forma sea aún mejor.

Siga su progreso

Lo ideal es que cuando empieces a entrenar, siempre tengas un objetivo en mente. Y por lo tanto, siempre debes comprobar si te estás acercando a ese objetivo. Por ejemplo, si estás luchando contra la obesidad, que te ha causado ansiedad social, tu principal objetivo es perder peso. Así que, cada semana toma las medidas para asegurarte de que tu peso está bajando. Si descubres que tu peso está subiendo, es una indicación obvia de que tus técnicas no están funcionando. La importancia de El seguimiento de su progreso es para sopesar la efectividad de sus técnicas. Al final del día, quieres seguir con las técnicas que te darán los mejores resultados.

Camina

La mayoría de la gente se acostumbró a moverse en coches. Incluso en distancias cortas deben usar un automóvil. Caminar es una actividad aparentemente sin esfuerzo que normalmente tiene grandes beneficios. Cuando caminas, literalmente estás usando varios músculos del cuerpo. A diferencia de, por ejemplo, el levantamiento de pesas, en el que la atención se centra en un grupo de músculos, caminar afecta a varios músculos del cuerpo.

CAPÍTULO 10: CUIDA TU DIETA

Múltiples estudios han demostrado que hay una conexión entre nuestra dieta y nuestra salud mental. Los alimentos no saludables resultan en problemas de salud mental. Si desarrollas una adicción a la comida rápida, es probable que pierdas la forma, te vuelvas obeso y luego desarrolles una imagen negativa de ti mismo. Esto es suficiente para desencadenar una tremenda ansiedad de su parte. Pero si tienes el hábito de consumir alimentos saludables, estarás físicamente en forma, por lo tanto te sentirás muy bien contigo mismo.

Hay un gran error de concepción de que la comida sana sabe mal. Pero si eres una persona creativa, puedes trabajar con ingredientes saludables para crear comidas suntuosas. Los siguientes son algunos consejos para seguir una dieta saludable.

Consume más fibra

Este es el compuesto voluminoso de los alimentos que ayuda a la digestión y también hace que una persona se sienta llena. Si consumes cantidades saludables de fibra, no te encontrarás sintiendo hambre de vez en cuando. Y como resultado, puedes concentrarte en otras cosas sin tener que preguntarte dónde comerás la próxima vez. La fibra se encuentra generalmente en las verduras. Así que, esencialmente deberías consumir más vegetales.

Azúcar de zanja

Muchos estudios han demostrado que el azúcar es, en efecto, peor que el alcohol. El azúcar se ha relacionado con una serie de enfermedades degenerativas como el cáncer y la diabetes. Abandonar el azúcar significa que tienes que renunciar a tus bebidas azucaradas favoritas así como a la comida basura. Esto te ayudará a reducir el peso y a experimentar claridad de pensamiento. Eliminar el azúcar sin duda le ayudará a superar su problema de ansiedad.

Tome más grasa saludable

Las masas están muy mal informadas sobre la grasa. Parecen pensar que todos los tipos de grasa son malos, pero no podrían estar más lejos de la verdad. Las grasas saludables son realmente importantes para perder peso. Algunos de los alimentos que tienen altas cantidades de grasas saludables incluyen los aguacates y las nueces. Es posible que desee tener una mayor tasa de consumo de estos alimentos.

Deje de distraerse al comer

Podrías estar comiendo una dieta equilibrada, pero si consumes más de lo necesario, aún así ganarás más peso. Así que, para asegurarte de que consumes cantidades saludables, tienes que evitar distraerte. Asegúrate de concentrarte en tu comida mientras comes. Deja de hacer otras cosas, por ejemplo, ver la televisión o hablar con tus amigos.

Comience a comer en casa

Aunque hay restaurantes que se adhieren a normas de alimentación demasiado estrictas, la mayoría de los restaurantes tienen una forma torcida de preparar las comidas. Pueden usar ciertos ingredientes no saludables para mejorar el sabor de la comida y atraer más clientes. No se les puede culpar porque al final del día buscan obtener beneficios. Pero entonces deberías concentrarte en preparar tus propias comidas. Asegúrate de ir al supermercado y conseguir los ingredientes por ti mismo. De esta manera estarás seguro de que la comida que estás cocinando es de alta calidad.

Reduzca su consumo de carbohidratos refinados

Los carbohidratos refinados son bajos en fibra y sólo te hacen sentir lleno por un corto tiempo. Si tienes el hábito de consumir carbohidratos refinados, te encontrarás consumiendo más comida de la que necesitas regularmente. Algunos de los alimentos que se clasifican como carbohidratos refinados incluyen el pan, la pasta y la harina blanca. En lugar de consumir carbohidratos refinados, puede que desee cambiar a carbohidratos complejos como la cebada, la avena y la quinua.

Tener objetivos más significativos

No hay nada de malo en querer perder peso para que finalmente puedas tener una cierta talla de ropa. Su mejora en la dieta debe ser atribuida a mucho asuntos más significativos como su salud mental y física. Teniendo en cuenta que el número de enfermos mentales va en aumento, es un objetivo increíblemente importante para aspirar a ello.

Manténgase alejado de la dieta de moda

La mayoría de las personas que tienen el impulso de perder peso tienden a recurrir a dietas de moda. Pero rápidamente pierden su energía y se encuentran con que retroceden. Los expertos dicen que las dietas de moda rara vez funcionan debido a su naturaleza restrictiva. Aunque uno podría resistirse al principio, a medida que pasa el tiempo, la presión se acumula, y luego se encuentran con que no son capaces de hacer frente a esa dieta restrictiva. Así que, mantente alejado de la dieta de moda para no perder el tiempo.

Apéguense a los alimentos integrales naturales

El problema con la tecnología es que están surgiendo tantos alimentos que no son saludables para su consumo. Y cada vez más están encontrando el favor de personas de todo el mundo. Asegúrate de comprar productos que no tengan pergaminos de ingredientes. Si te aferras a los alimentos naturales y densos en nutrientes, tienes muchas más posibilidades de mejorar tu salud.

Trabaja con un amigo

Si estás rechazando una dieta terrible, no esperes que tu cuerpo se dé por vencido fácilmente. Tu cuerpo intentará te devuelve a tus antiguas costumbres. Pero no es muy fácil ser consistente en evitar los malos alimentos. Pero si trabajas en esta meta con otra persona, se hace más fácil mantenerte en tus metas. Así que, si tienes un amigo interesado en llevar una vida sana, sugiérele tus ideas y dale la bienvenida para que las pruebe.

Haz espacio para la indulgencia

Nunca puedes definir a los seres humanos en términos de blanco o negro, porque está la zona gris. Algunos seres humanos pueden apartarse de una mala dieta y adoptar una buena dieta sin mirar atrás. Pero no todas las personas son así. Si te encuentras en un momento difícil después de rechazar alimentos poco saludables que te hacen feliz, tal vez quieras crear días de trampas. En estos días puedes hacer un esfuerzo y disfrutar de tus comidas favoritas.

Sé realista

No seas el tipo de persona que busca tener un cuerpo de modelo dentro de dos meses. Por supuesto, no hay nada malo en querer ser como una modelo. Pero cuando te creas metas poco realistas para ti mismo, corres el riesgo de desarrollar hábitos poco saludables, lo que podría tener un impacto mucho peor. Asegúrate de que eres consciente de tu potencial y de que te apegues a tus objetivos sin importar lo que pase.

CAPÍTULO 11: COMPRENDER LA CONEXIÓN ENTRE LAS DROGAS Y LA ANSIEDAD

Las drogas desempeñan un papel importante en la prevalencia de las enfermedades mentales. Una persona se hace adicta a las drogas cuando el circuito de recompensa del cerebro es secuestrado. Ya sea que hayan comenzado el problema de la adicción a las drogas por curiosidad o por influencia de sus amigos, una vez que se enganchan, se convierte en una lucha para dejar el hábito. Más personas han perdido la lucha contra su adicción a las drogas que viceversa.

Alguien que está tratando de superar su problema de adicción a las drogas se encontrará luchando contra la ansiedad extrema. Y una vez que vuelven a su hábito se convierte en algo mucho más intenso, arrastrando a la víctima a un agujero más profundo. Los siguientes son algunos de los efectos de la adicción a las drogas.

Paranoia

Las personas con problemas de drogadicción tienen tendencia a ser paranoicas. Parecen pensar que todo el mundo va a por ellos. Este problema se agrava especialmente en su fase de abstinencia. Obviamente, es difícil trabajar con una persona que piensa ...estás fuera para conseguirlos. La paranoia impide que la gente deje sus mejores vidas. Alguien puede ser brillante, pero no tendrá el coraje de seguir con sus sueños, porque tiene una concepción desagradable de todos los que se encuentra. La paranoia también puede hacer que la sociedad se vuelva contra ti. Considerando que tu condición te hace parecer extraño, la gente se vuelve desconfiada de ti, aislándote.

La pasividad o la agresividad

Las personas que son adictas a las drogas no pueden ser asertivas. Son pasivos o agresivos. Los pasivos generalmente han perdido la esperanza. Se ponen a merced de otras personas, abiertos a que alguien les muestre simpatía. Pero entonces la mayoría de los drogadictos son agresivos. Actúan como si el mundo les debiera algo. Y parece que tienen un gran problema de derechos. Puede que no sean así cuando están sobrios, pero las drogas se meten con sus valores y se deshacen de sus inhibiciones. Tanto la pasividad como la agresividad son rasgos negativos. No te ayudan realmente a avanzar en tu causa. Y considerando que la gente reacciona negativamente a ambos hábitos, la ansiedad de la víctima tiende a profundizar los signos.

Alucinaciones

Puede ser muy difícil para el drogadicto promedio seguir con su vida porque puede estar experimentando algo que no está ahí. Les hace parecer y sentirse ridículos. La gente que alucina prácticamente se considera que lo está perdiendo. La sociedad no tiene paciencia con estas personas. Esta aparente falta de empatía llega a la víctima y comienzan a verse a sí mismos bajo una luz menos favorable. Las alucinaciones les hacen pasar un mal rato tanto de día como de noche. Y tener percepciones constantes de cosas que no existen puede desencadenar un trastorno de ansiedad.

Obsesión

Los drogadictos son más propensos a desarrollar personalidades obsesivas. Pueden obsesionarse con la comida, el sexo o incluso las relaciones. Su obsesión suele estar alimentada por la idea errónea de que algo o alguien es la respuesta al problema. Puedes imaginar la confusión emocional que experimentan cuando no han permitido sus obsesiones ni siquiera por un corto período de tiempo.

Juicio dañado

Alguien que es adicto a las drogas no es particularmente bueno para tomar decisiones, obviamente. Y este hábito se extiende a otras áreas de su vida. Ellos cometen sistemáticamente errores de juicio, lo que puede tener un tremendo impacto negativo en la vida de la víctima. Considerando que su vida es la suma de sus elecciones, su incapacidad para formar buenos juicios, puede ser un serio obstáculo para el éxito. Su incapacidad para formarse un buen juicio hará que desarrollen tremendos trastornos de ansiedad.

Impulsividad

La gente que lucha contra las adicciones a las drogas tiene un sentido de grandiosidad. No les gusta hacer las cosas a pequeña escala. Les gusta ir a lo grande. Y esta tendencia suya hace que les cueste mantener los recursos. Por ejemplo, puede que se gasten todo su salario en dos semanas. Cuando están comprando algo, normalmente compran más de lo que necesitan. Su hábito de malversación de recursos generalmente los mete en muchos problemas y a la larga les causa una tremenda ansiedad.

La pérdida de la autorregulación emocional

Un drogadicto no puede controlar sus emociones. Simplemente soltarán las cosas en las que piensan, dirán lo que quieran, harán lo que quieran, porque no pueden ayudarse a sí mismos. Considerando que los seres humanos son muy sensibles a las emociones de otras personas, puede ser muy difícil relacionarse con tal persona. El drogadicto se encontrará haciendo más enemigos que amigos porque está emocionalmente trastornado. Y aunque el drogadicto pueda actuar como si no le importara que no tenga amigos, normalmente le afecta.

Marcha tambaleante

Considerando que las drogas alteran la conciencia de una persona, comienzan a comportarse como si no estuvieran experimentando la realidad, tambaleándose. Todo el mundo sabe que los que se tambalean están metidos en las drogas. Para empezar, el tambaleo puede meterte en muchos problemas, como chocar con la gente, o hacer que la gente pierda el tiempo en carreteras estrechas. Los drogadictos tienen que lidiar con la pérdida de respeto. La sociedad suele mirarlos y decide que no son dignos de respeto. Y vivir alrededor de personas que tienen una opinión tan desfavorable de ti puede hacerte difícil progresar en la vida.

Para superar una adicción, tienes que hacer de tu proceso de recuperación una prioridad. Tienes que estar dispuesto a pasar por alto todas las demás cosas y concentrarte en tu recuperación. Esto no es algo fácil. Si has estado enganchado a las drogas y estás intentando parar, tu cuerpo protestará con todas sus fuerzas. Pero si tienes una determinación, seguirás con tu proceso de recuperación.

Para facilitarte la superación de tu adicción a las drogas, tal vez quieras mantenerte alejado de las personas que te han influido para que te drogues. Si eres un joven promedio, debes mantenerte alejado de tu grupo anterior. Te ridiculizarán e intentarán que vuelvas a las drogas, pero debes aprender a decir que no. También es muy importante durante esta fase de recuperación tener una figura de autoridad. Si no tienes los recursos o la intención de ir a un centro de rehabilitación puedes tener a tus padres como figura de autoridad. Por lo general, los padres tratan de advertir a sus hijos contra ciertos comportamientos, pero las advertencias caen en oídos sordos, hasta que el daño está hecho. Gracias a Dios que son nuestros padres y siempre nos aceptan de vuelta aunque hayamos sido una gran decepción.

CAPÍTULO 12: MEJORAR LA CALIDAD DEL SUEÑO

La calidad del sueño juega un papel importante en la salud mental de un individuo. Muchos estudios revelan que hay una profunda conexión entre la calidad del sueño y la estabilidad emocional. Si está acostumbrado a tener malos hábitos de sueño, se encontrará irritable, consciente de sí mismo y con un problema de actitud. Todos estos problemas derivados de la mala calidad del sueño dan lugar al desarrollo de la ansiedad. Por lo tanto, si quiere estabilizar sus emociones, debe asegurarse de que está teniendo un sueño de calidad. Los siguientes son algunos consejos importantes para promover un sueño de calidad.

Pasar el tiempo en áreas brillantes durante el día

Tu ritmo circadiano es lo que determina tu comportamiento en relación con la hora del día. La persona normal rebosa de energía durante el día y por la noche se siente somnolienta. Una de las formas de promover un ritmo circadiano saludable es permanecer en áreas brillantes durante el día. Así se asegurará de disfrutar del trabajo en el que está involucrado, y cuando sea de noche, se dormirá fácilmente.

Reducir la luz azul por la noche

Todavía jugando al ritmo circadiano, asegúrate de bloquear la luz azul por la noche. Exponerse a la luz azul por la noche haría que tu cuerpo se resistiera a dormir. Puede que quieras usar gafas que bloqueen la luz azul, o puedes aprovechar las aplicaciones que logren lo mismo. La mejor oportunidad de mejorar la calidad del sueño es cuando se tiene un ritmo circadiano perfecto.

No consuma cafeína por la noche

La cafeína contiene compuestos que hacen que te mantengas despierto durante mucho tiempo. Si la tomas temprano en el día, el efecto se desgastará, pero si la tomas tarde en la noche, entonces significa que tendrás problemas para encontrar el sueño. La cafeína es algo que se consume cuando se quiere pasar toda la noche. Así que, mantente alejado de ella. Hay varias otras bebidas que podrías consumir.

Deje de dormir por mucho tiempo durante el día

Cuando se duerme durante un período excesivamente largo durante el día, significa que no se duerme por la noche. Por lo tanto, asegúrese de mantener sus siestas diurnas al mínimo. La mayoría de la gente que duerme durante el día tiende a confundir su reloj interno. Y si duermes durante el día y luego volver a dormir durante la noche significa que su productividad se verá muy afectada.

Dormir y despertar al mismo tiempo de forma consistente Si quieres tener un sueño de calidad, debes tener una consistencia en tus horas de sueño y de vigilia. Absténgase de querer dormir en diferentes momentos. Esto permitirá que tu reloj interno te sintonice con lo necesario una vez que llegue el momento. Este hábito no sólo le permitirá experimentar una calidad de sueño mucho mejor, sino que también traerá cierto orden a su vida, mejorando su productividad.

El suplemento de melatonina

La hormona responsable del sueño se conoce como melatonina. Algunas personas tienen una deficiencia de esta hormona. En tal caso, puede ingerir un suplemento de melatonina. Pero asegúrese de consumirlo según las instrucciones del médico. Este suplemento es extremadamente importante para el tratamiento del insomnio. Pero lo mejor es el hecho de que no tiene efectos secundarios.

Deje de tomar alcohol por la noche

Además de eliminar sus inhibiciones, el alcohol afectará a su producción de melatonina por la noche, promoviendo así el insomnio. La mayoría de las personas que beben alcohol por la noche no sólo tienen dificultades para dormirse, sino que también luchan contra varias condiciones una vez que se duermen, por como la apnea del sueño y las pesadillas. Los investigadores también han descubierto que el alcohol afecta a la producción de la hormona de crecimiento humano, responsable de la estabilización del ritmo circadiano.

Mejorar el entorno de su dormitorio

Por supuesto, no se puede tener un buen sueño nocturno cuando hay ruido por todas partes. Tienes que asegurarte de que tu dormitorio - y los alrededores - sean tranquilos. También tienes que asegurarte de que la habitación tiene la temperatura adecuada, de lo contrario estarías sudando demasiado, y perdiendo el sueño por ello. También debes asegurarte de que el dormitorio no brille con luces, y cuando te vayas a dormir, apaga las luces.

No comas tarde en la noche

Los estudios muestran que comer por la noche puede afectar la producción de la hormona alta. Si aún no has alcanzado la madurez, esto podría afectar a tu crecimiento, deja en paz la calidad de tu sueño. Teniendo en cuenta que el cuerpo se apaga una vez que se duerme, comer demasiado tarde en la noche causará una tensión significativa en su sistema digestivo.

Relájese por la noche

La idea de relajarse es increíblemente útil para aquellos que luchan contra el insomnio. Muchos estudios muestran que cuando te pones en un estado mental relajado se convierte en es más fácil quedarse dormido. Una de las mejores maneras de relajarse es a través de un masaje de tejido profundo. Ponga música relajante y que alguien le dé un masaje. O puedes leer un libro mientras la otra persona te da un masaje. Date una ducha.

Esto es especialmente importante si trabajas en áreas que implican un trabajo duro, por ejemplo, oficiales de operación de máquinas. Venir del sitio e ir a la cama directamente puede impedirte disfrutar de un sueño de calidad. Cuando te duchas, pones tu cuerpo en un estado de relajación. Es incluso mucho más gratificante si usas sales marinas. Los estudios revelan que ducharse antes de dormir no sólo le permite dormirse mucho más rápido, sino que el sueño se vuelve profundo.

Averigüe si tiene un trastorno del sueño Técnicamente hablando, si usted tiene un trastorno del sueño, ya sabe que algo anda mal con usted, pero necesita que su médico le ponga un dedo encima. Uno de los trastornos del sueño más comunes es la apnea del sueño. Esta condición implica patrones de respiración interrumpidos. Una vez diagnosticado, su médico le guiará sobre cómo superar esta condición. Otro trastorno del sueño común se conoce como trastorno de la vigilia, y es común entre los trabajadores por turnos.

Haga ejercicio regularmente

Todo el mundo sabe que los ejercicios harán que su cuerpo se vea en forma, y en general, mejorarán su salud física. Los ejercicios también son importantes para mejorar la calidad del sueño. Pero no debes hacer ejercicio justo antes de quedarte dormido. Cuando se ha agotado la energía, el cuerpo busca la forma de ponerse en un modo de relajación, y el sueño es sólo uno de esos métodos.

No beba cantidades excesivas de líquido antes de acostarse

En primer lugar, si luchas con el hábito de orinar sobre ti mismo mientras duermes, es una mala idea beber cantidades excesivas de líquido antes de dormir. Pero incluso si no orinas en la cama, es probable que te sientas incómodo en algún momento de la noche y tengas que despertarte para ir al baño. Asegúrate de visitar el baño justo antes de irte a dormir.

Haz algo si no encuentras el sueño A veces puedes saltar a la cama y el sueño simplemente no llegará. La mayoría de la gente continúa descansando en la cama, esperando que el sueño llegue pronto, pero esto es una pérdida de tiempo innecesaria. En lugar de eso, deberías salir de la cama y hacer algo. Participar en una actividad que será una carga para sus niveles de energía. Y pronto te encontrarás quedándote dormido.

Evite pasar la noche en vela

Algunas personas parecen pensar que la capacidad de tirar de toda la noche es indicativa de su fuerza. Y mientras que realmente puede mostrar que son fuertes, las repercusiones no valen la pena. Pasar la noche en vela es enviar un mensaje a tu cuerpo de que estás alterando tu ritmo circadiano. La falta de sueño agravará y comenzará a afectar negativamente otras áreas críticas de tu vida.

CAPÍTULO 13: LLEVANDO LA POSITIVIDAD A TU VIDA

La ansiedad es una indicación obvia de que tienes poca energía positiva. Para luchar contra la ansiedad, tienes que estar dispuesto a introducir la positividad en tu vida. Pero considerando que nuestras vidas son mayormente agitadas, la gente considera que es bastante desafiante. Introducir la positividad en tu vida no tiene que ser lo más difícil. Las siguientes son algunas pautas sobre cómo puedes introducir la positividad en tu vida.

Empieza el día con afirmaciones positivas

La forma en que empieces tu día va a tener un gran impacto en cómo será el resto de tu día. Si empiezas el día con pánico, esperarás que algo terrible suceda durante el resto del día. Y, por supuesto, esa mentalidad afectará a tu estabilidad emocional. Asegúrate de cantar una afirmación positiva justo después de que te despiertes. Te pondrá en una mentalidad positiva.

Mira el lado positivo de las cosas

Esto puede ser un gran reto, dependiendo de lo que te haya pasado. Por ejemplo, si descubres que tu cónyuge de 20 años te ha estado engañando.

puede ser muy difícil ver el lado bueno si lo hay, pero por supuesto que lo hay! Tal vez ahora tengas la oportunidad de conocer a alguien especial que sea digno de tu amor. Si estás atascado en un atasco de tráfico, en lugar de ir a los medios sociales a despotricar, considéralo como una oportunidad para terminar de escuchar tu podcast favorito. Cuando desarrollas la mentalidad de ver el lado bueno de las cosas, siempre te encontrarás con emociones estables.

Convierte el fracaso en lecciones

Piensa en toda la gente de éxito que conoces. Hay una cosa que todas estas personas tienen en común: han experimentado el fracaso. De hecho, cuanto más exitosa es una persona, mayor es la posibilidad de haber fracasado muchas veces. No hay nada malo en el fracaso siempre y cuando no dejes que te ate. Desarrollar la mentalidad de aprender del fracaso. Y de esta manera, te convertirás en lo mejor que puedas ser.

Desarrolla una imagen positiva de ti mismo

Algunas personas están atrapadas en un mundo de negatividad simplemente porque tienen una mala imagen de sí mismos. Por ejemplo, si fracasan en una cosa, pueden empezar a pensar que son fracasos totales, evitando hacer otro intento. Cuando desarrollas una imagen positiva imagen de sí mismo, se encontrará eliminando sus inhibiciones y tomando un papel activo en su vida.

Deja de preocuparte

La mayoría de la gente es rehén de sus preocupaciones. La preocupación por el pasado. Y la preocupación por el futuro. Durante ese tiempo su presente se pierde. Es una situación triste. Las cosas por las que te preocupas tienen una alta probabilidad de no volverse realidad. Así que en lugar de centrarse en esas cosas, empieza a vivir. Cuando dejes tus preocupaciones a un lado, te convertirás en una persona mucho más entrañable. También tendrás la energía para ir a por tus sueños.

Salir con gente positiva

Al final del día, te conviertes en aquello con lo que te asocias. Algunas personas tratan de engañarse a sí mismas de que pueden ser positivas y pasar el rato con personas negativas y aún así no ser como ellos. Si hay tales personas, esa sería la excepción, no la norma. Normalmente, si sales con gente negativa, te convertirás en alguien como ellos, aunque tu ego quiera decir lo contrario. Cuando te das cuenta de que pasas mucho tiempo con gente negativa, es hora de despedirte de ellos. Por supuesto, no es algo fácil de hacer. Pero ya que estás más interesado en haciéndote una mejor persona debes hacerlo de todas formas.

Ignora tus pensamientos negativos

En psicología existe un concepto conocido como auto sugestión. Aquí es donde tu mente subconsciente trata de sacar a relucir los temas. Una vez que notes que tu mente subconsciente está sugiriendo pensamientos negativos, no te tragues el cebo, y empieza a pensar en el asunto profundamente. Debes ignorar el pensamiento negativo. Al principio te resultará difícil ignorar los pensamientos que no quieres, pero con el tiempo te encontrarás excluyendo los pensamientos con bastante facilidad.

Sé amable contigo mismo

Muchos de nosotros somos tan duros con nosotros mismos. Nos negamos a nosotros mismos las mejores cosas de la vida simplemente porque tenemos una imagen negativa de nosotros mismos. No podemos experimentar positividad a menos que empecemos a ser amables con nosotros mismos. Esto significa que debemos empezar a dar prioridad a las cosas que nos gusta hacer. Y no deberíamos avergonzarnos de ponernos en el número uno. Si no podemos cuidarnos a nosotros mismos, entonces ¿cómo vamos a cuidar a la siguiente persona? Ser amable contigo mismo también significa reconocer que tu trabajo te está quitando mucho y esforzarte por buscar un equilibrio.

Sé agradecido

Millonarios y multimillonarios han dicho que uno de sus secretos para el éxito es la gratitud. Ser agradecido no es lo mismo que ser complaciente. Simplemente significa que estás agradecido por lo que ya tienes. La gente que no está agradecida la mayoría de las veces tiende a ser codiciosa. Y no importa lo que adquieran, nunca parece satisfacerlos, y es casi como si estuvieran atrapados en un bucle infinito de codicia e insatisfacción. Salga

Tenemos tanta gente quejándose de la negatividad mientras que nunca salen de las oficinas. A veces la negatividad puede estar ligada a las cosas que te rodean. Si te alejas de estas cosas experimentarás positividad. Lo difícil es que una vez que la negatividad aparece, la gente se queda sin ideas sobre cómo combatirla. En este caso, ayuda poner un gran póster en tu oficina que debes sacar cada vez que te sientas negativo.

Meditación

Otra forma de llenarse de energía positiva es a través de la meditación. Este ejercicio se ha practicado desde la antigüedad y es uno de los mejores ejercicios para lavar la energía negativa. La forma estándar de practicar este ejercicio es practicar la respiración y también incorporando tu lado imaginativo, pero siempre puedes ajustarlo para que se ajuste a tus necesidades.

Devolver a la comunidad

Recuerde siempre que tiene un papel que desempeñar en la mejora de su comunidad. La gente con la que te has rodeado juega un papel importante en tu crecimiento. Por lo tanto, debes asegurarte de que estás devolviéndoles algo. No siempre se trata de dar dinero. Puedes dar apoyo a una causa identificada con tu comunidad. Cuando das a otros, seguro que te sentirás bien contigo mismo.

No seas un duro de pelar.

Está bien ser determinado, pero es importante darse cuenta de sus límites. Si te has esforzado mucho para lograr algo en vano, tal vez quieras hacer una reverencia y pasar a lo siguiente. Esto no es una admisión de derrota. Al contrario, es un acto noble que tiene como objetivo ahorrarle tiempo, y encontrar lo que le sirva. La gente es repelida por los que lo intentan. Pero es entrañable ver a alguien aceptar la derrota y no permitir que defina su vida, como lo hace la gente débil.

Evita los chismes

La mayoría de las personas que chismorrean tienden a tener personalidades muy defectuosas. No quieres ser uno de ellos. Los chismes son una indicación de que algo falta en tu vida.

Porque si tuvieras una vida increíble estarías tan ocupado cuidando de ella que no te importaría realmente qué cosas terribles están pasando en la vida de otras personas. Cuando te encuentras chismorreando en la vida normal, es una indicación de que estás con la gente equivocada.

Presta atención a lo que alimentas tu mente

Tus pensamientos terminan formando al hombre en el que te conviertes. Si tienes pensamientos desagradables te convertirás en un hombre desagradable. Si tienes grandes pensamientos terminas convirtiéndote en un gran hombre. Pero estos pensamientos nuestros se ven muy afectados por lo que alimentamos nuestras mentes. Por lo tanto, debemos tener cuidado de alimentar nuestras mentes con lo que es positivo. Puedes empezar a practicar este hábito apagando tus noticias.

CAPÍTULO 14: LOGRAR EL EQUILIBRIO ENTRE LA VIDA LABORAL Y LA VIDA PRIVADA Y ADMINISTRAR EL TIEMPO

El trabajo juega un papel importante, porque al final del día el dinero es lo que hace que el mundo gire. Pero entonces lo que constituye una persona feliz no es sólo el dinero. También tienes que mirar las relaciones que has establecido. Si no tienes cuidado, podrías ser incapaz de manejarlas, debido a los compromisos de trabajo. Mucha gente está consumida por la ansiedad como resultado de no ser capaz de equilibrar su vida y su trabajo. Siga esta pauta para asegurar un equilibrio entre estas dos necesidades.

Juega con tus fortalezas

No intentes hacerte pasar por Superman. No puedes hacer mucho. Sólo muestra tus competencias, y mantén la puerta abierta para aquellos que quieran colaborar contigo. Si eres bueno para establecer relaciones, verás que no es muy difícil lograr un objetivo, siempre y cuando trabajes en equipo.

Trabajen en sus finanzas

Al final del día, el dinero es el rey. Puede que no te compre la felicidad, pero seguro que te compra la comodidad. Obviamente es superficial centrar el trabajo y la vida en torno al dinero, pero en la misma línea, debemos reconocer el hecho de que el dinero nos ayuda a adquirir las cosas bonitas que permiten nuestras relaciones, nos hacen avanzar y nos ayudan a convertirnos en la mejor versión de nosotros mismos.

Elige el trabajo que te gusta

Usado y una posibilidad de éxito mucho mayor cuando trabajas en lo que amas. Por ejemplo, si desde pequeño siempre has jugado con las palabras, tendrás muchas más posibilidades de éxito como escritor que como político. Cuando estás haciendo algo que amas no te sentirás como si estuvieras trabajando. Y en tal escenario es muy fácil crear tiempo para hacer otras cosas. Trabajar en tu pasión te permite aprovechar todo tu potencial y hacer el mejor uso de tus recursos. Esto puede ayudarte a llegar a la cima. Y esto te ayuda a aprovechar todos tus recursos para crear tiempo para todas las otras cosas importantes de tu vida.

Trabaja en tu salud

Asegúrate de poner tu salud en primer lugar. Los rigores de la existencia moderna nos frustran al observar nuestra salud. Cuando nuestra salud empieza a fallar, corremos el riesgo de perder tanto nuestro trabajo como nuestras relaciones, ya que carecemos de la energía para alimentarlas. Trabajar en nuestra salud no es tan duro como la gente podría hacer que pareciera. Todo se reduce a tomar las decisiones simples de una manera consistente. Por ejemplo, puedes empezar por eliminar el azúcar de tu dieta, y consumir más verduras. Cuando observas este hábito por un largo período de tiempo, te encontrarás en una gran salud.

Tómese unas vacaciones

Hay momentos en los que se verá abrumado por el estrés de la vida moderna. Estarás cansado de tu trabajo y de la gente que te rodea y que te exige. En tal situación, puedes viajar a tu destino favorito, pasar algún tiempo allí. Cuando te alejas de una fuente de miseria percibida, alcanzas claridad de pensamiento, y encuentras soluciones a tus problemas, de modo que cuando vuelvas te pones en marcha.

Establezca los límites

Puede que tenga muchos compromisos. En todos estos escenarios la gente espera que no sólo te presentes, sino que vivas de acuerdo a sus expectativas. Considerando las fuertes demandas sobre tus hombros, es justo ser económico con tu tiempo. Debes establecer límites.

Esto no es un intento de mostrar a la gente que eres mejor que ellos, sino una forma de expresar tus necesidades. Establecer límites es lo que te permite ir a casa al final del día y permitirte pasar un tiempo de calidad con tus seres queridos.

CAPÍTULO 15: CAUSAS DEL DESORDEN MENTAL

Causa #1: estrés diario

Uno de los principales factores que hace que la gente se sienta abrumada por la vida es una vida estresante. El estrés que se produce como resultado de la sobrecarga de información, el desorden físico y las interminables elecciones que se requieren de estas cosas pueden causar una serie de problemas de salud mental como la ansiedad generalizada, los ataques de pánico y la depresión. Si a este estrés se le suman las muchas preocupaciones y asuntos que usted está combatiendo, puede que se encuentre con problemas de sueño, dolor muscular, dolores de cabeza, dolor de pecho, infecciones frecuentes y trastornos estomacales e intestinales, según la Asociación Psicológica Americana (para no señalar los otros estudios que apoyan la relación entre el estrés y los problemas físicos).

Dan Harris, presentador de noticias de la ABC y autor del libro 10% más feliz, no reconoció cómo le estaba afectando el estrés de la sobrecarga mental hasta que tuvo un ataque de pánico total en la televisión nacional. Su exigente y competitivo trabajo (que lo llevó a las primeras líneas de Afganistán, Israel, Palestina e Irak) lo había dejado deprimido y ansioso. Se automedicó su dolor interno con las drogas recreativas, desencadenando el ataque en el aire. Cuando se reunió con su médico, experimentó una llamada de atención sobre su estado mental. Dice en un post en el sitio web de ABC, "mientras estaba sentado allí en su oficina, la pura enormidad de mi locura comenzó a hundirse, desde lanzarme de cabeza a los focos de guerra sin tener en cuenta las consecuencias psicológicas, hasta experimentar con drogas para la simulación de la adrenalina". Es obvio que había estado incurriendo irreflexivamente en hábitos que podrían haberme arruinado muy fácilmente".

El "comportamiento idiota" de Dan era simplemente una reacción humana a todo lo que estaba pasando en su cabeza. Cuando la vida se vuelve tan intensa y complicada, nuestra psiquis busca rampas de escape. Cuando hay mucha información, mucha exposición negativa, junto con muchas opciones, podría fácilmente resultar en una respuesta no tan saludable.

Causa #2: la paradoja de la elección

La libertad de elección, algo venerado en las sociedades libres, puede tener un punto de retorno decreciente cuando se trata de la salud mental. El renombrado psicólogo Barry Schwartz inventó la frase "paradoja de la elección", que es un resumen de sus hallazgos de que más elección lleva a un aumento de la ansiedad, la indecisión, la parálisis y el descontento. Más opciones pueden resultar en un resultado objetivamente mejor, pero no aumentarán tu felicidad. Considere un simple viaje a la tienda de comestibles. Según el Instituto de Comercialización de Alimentos, en 2014 había 42.214 artículos en el supermercado promedio. Lo que una vez pudo ser una excursión de 10 minutos para agarrar lo necesario, ahora requiere al menos ese tiempo para agonizar sobre la mejor marca de yogurt o las galletas sin gluten adecuadas. Intenta comprar un par de vaqueros, el básico de la mayoría de los armarios, y te enfrentarás a un sinfín de decisiones. ¿Ajuste holgado? ¿Corte de bota? ¿Delgado? ¿Pierna ancha? ¿Lavado antiguo? ¿Mosca de botón? ¿Cremallera? Una pequeña compra es suficiente para llevarte a hiperventilar. Steve Jobs, Mark Zuckerberg, e incluso el presidente Obama tomaron la decisión de limitar sus opciones de ropa para minimizar las posibilidades de ser abrumados. El presidente Obama elucidó la lógica detrás de su guardarropa compacto en un artículo en Vanity Fair: "verás que sólo uso trajes grises o azules", dijo Obama. "Estoy tratando de reducir las decisiones. No quiero que me molesten todos los días con la decisión de lo que estoy comiendo o vistiendo. Porque hay muchas otras decisiones de mayor importancia que debo tomar".

Porque #3: demasiadas "cosas"

Nuestras casas están llenas de ropa que nunca usamos, libros que no leemos, juguetes que no usamos, y aparatos que no ven la luz del día. Los buzones de nuestros ordenadores están desbordados. Nuestros escritorios están desbordados, y nuestros teléfonos tienen mensajes intermitentes como "necesitas más almacenamiento". Como se mencionó en el desclasificador digital de 10 minutos, "nos hemos convertido en tales esclavos de nuestros aparatos que preferimos la información o el entretenimiento instantáneo a las interacciones y experiencias del mundo real". Con este flujo constante de información y acceso a la tecnología, convertirse en consumidores masivos de cosas y datos es más fácil que nunca. Con sólo pulsar un botón, podemos pedir cualquier cosa, desde un libro hasta una lancha, y hacer que nos lo entreguen en la puerta. Estamos llenando nuestros hogares con cosas que no necesitamos y llenando nuestro tiempo con un flujo constante de tweets, actualizaciones, artículos, entradas de blog y videos de gatos. La información y las cosas se acumulan a nuestro alrededor, y aún así nos sentimos impotentes para hacer algo al respecto. Todas estas cosas y datos extraños no sólo nos chupan el tiempo y la productividad, sino que también producen pensamientos reactivos, ansiosos y negativos. Como: "parece que mi amigo de Facebook está viviendo una vida de mucha calidad que yo. Dios, mi vida apesta". "¿debería comprar ese Fitbit y empezar a hacer un seguimiento de mi salud para que no morir demasiado pronto?" "Oh, cielos, no recordaba el seminario web 'cómo hacer un millón antes de los 30', ¿qué pasa si se revela algo realmente importante?" Todo parece importante y urgente. Cada correo electrónico y texto debe ser contestado. Cada último dispositivo o artilugio debe ser comprado. Esto nos mantiene constantemente revueltos, ocupados con trivialidades, y desapegados de la gente que nos rodea y de los sentimientos dentro de nosotros. A menudo parece que no tenemos tiempo para desclasificar porque ya estamos inmersos en cosas nuevas. Pero en algún momento, todo este ajetreo nos lleva al agotamiento mental y emocional. A medida que procesamos todo lo que viene a nosotros, analizamos, rumiamos y nos preocupamos hasta el punto de ruptura. ¿Cómo hemos perdido de vista los valores y prioridades de la vida que una vez nos mantuvieron equilibrados y cuerdos? ¿Qué podemos hacer al respecto? No podemos viajar al pasado y renunciar a la tecnología. No podemos deshacernos de nuestras pertenencias y vivir en un agujero en las rocas. Tenemos que encontrar una forma de vivir en el mundo contemporáneo y no perder la cabeza. Reducir el tiempo dedicado a los aparatos puede reducir significativamente nuestra ansiedad y negatividad. Pero entonces luchamos con muchas fuerzas que nos empujan a la negatividad y a la preocupación excesiva. Nos preocupamos por casi todo lo que nos concierne. Nuestras preocupaciones nos causan un tremendo sufrimiento. Nos perdemos la felicidad porque la crítica brutal dentro de nuestras cabezas es implacable.

Causa #4: el sesgo de negatividad

Nuestro sistema nervioso ha estado evolucionando durante varios cientos de milenios, pero sigue respondiendo de la misma manera que nuestros primeros antepasados humanos que se enfrentaban a situaciones que amenazaban su vida muchas veces al día y simplemente necesitaban sobrevivir. El investigador principal de Berkeley llamado Dr. Rick Hanson descubrió que, "para mantener vivos a nuestros antepasados, la madre naturaleza desarrolló un cerebro que constantemente los engañaba para que cometieran tres errores: poner demasiado énfasis en las amenazas, tomar las oportunidades demasiado a la ligera y calcular mal los recursos (para afrontar las amenazas y aprovechar las oportunidades)". Así, evolucionó nuestra propensión a dar a los estímulos negativos una reacción mucho más intensa que la positiva. Los estímulos negativos producen más actividad cerebral a diferencia de los estímulos positivos de intensidad similar como el ruido o la luz. También se sienten mucho más rápido. Hanson dice, "el cerebro es como el velcro para las experiencias negativas pero el teflón para las positivas".

¿Cuál es la conexión entre el sesgo de negatividad y tus pensamientos? Significa que estás programado para entretener la negatividad y tener una visión de la vida más sombría que la de la realidad. Ves las amenazas o los desafíos a través de lentes de negatividad amplificada. Percibes todos los pensamientos negativos que nadan en tu cabeza como reales, así que hay un impulso para aceptarlos como realidad. Pero no resides en una cueva, enfrentando diariamente situaciones aparentemente insuperables y que ponen en riesgo la vida. Sam Harris dice, "hay una alternativa a simplemente identificarse con el siguiente pensamiento que aparece en la conciencia". Esa alternativa es la atención. La atención plena puede practicarse en las actividades más mundanas, y puede fomentarse a través de ejercicios específicos que se proporcionan a lo largo de este libro. La atención plena implica entrenar tu cerebro de nuevo para resistir las distracciones y poner su atención en el presente. Cuando observas la atención plena, ya no tienes un profundo apego a una forma particular de pensar. Básicamente estás presente en todo lo que te dedicas. Suena simple, ¿verdad?

El concepto puede parecer simple, pero alterar tus patrones de pensamiento es tan fácil como puede parecer. Como con la construcción de cualquier otro hábito, la desclasificación de tu mente requiere práctica, paciencia y la voluntad de empezar en pequeño, y luego crecer a partir de ahí. Vamos a sumergirnos en el primer hábito que reentrenará su respiración centrada en el cerebro.

Hábito de desclasificación mental #1: respiración profunda enfocada

A pesar de que respiras alrededor de 20.000 veces al día, ciertamente no piensas en tu respiración de vez en cuando. Tu cerebro ajusta tu respiración a las necesidades de tu cuerpo automáticamente. Cuando subes escaleras o sales a correr, no tienes que pensar, "Mejor respiro más profundo y más fuerte para llevar más oxígeno a mis músculos". Simplemente sucede. Para ajustar tu respiración a las necesidades cambiantes de tu cuerpo, los sensores en tu cerebro, vasos sanguíneos, músculos y pulmones se encargan del trabajo por ti. Sin embargo, cuando quieras tomar el control, tienes ese poder. Puedes reducir la velocidad de tu respiración, cambiar el lugar desde el que respiras (pecho o abdomen), e incluso hacer que tus respiraciones sean superficiales o profundas. Un cambio en la respiración suele ser el primer signo de que nuestros pensamientos son abrumadores y estresantes. Cuando nos sentimos ansiosos, deprimidos, apurados o molestos, podemos experimentar una respiración rápida o falta de aliento. Nuestro estilo de vida moderno y el entorno laboral también contribuyen a que la respiración sea inadecuada y poco profunda.

Como Barrie escribe en su libro, "paz de la atención: rituales diarios para conquistar la ansiedad y reclamar una paz interior ilimitada": tristemente, estamos sentados durante mucho tiempo en un para que no tengamos que respirar profundamente, como lo hacían nuestros antepasados para cazar, recolectar, cultivar y realizar otros trabajos manuales. Sentados detrás de nuestros escritorios o tirados en el sofá viendo la televisión, ahora tenemos la tendencia de tomar respiraciones débiles y poco profundas. Cuando tenemos prisa, nuestra respiración se vuelve rápida y nerviosa.

Ocasionalmente, cuando estamos absortos con la tensión y la preocupación, los tendones que mueven el tórax y regulan la inhalación y la tensión muscular se tensan para restringir la exhalación, y nos olvidamos de respirar por completo. Puede que no preste mucha atención a su respiración y a su postura, pero al simplemente ser más consciente de cómo respira, fomenta una mente y un cuerpo más tranquilos.

Empieza a prestar atención a tu respiración y simplemente toma nota de cómo inhalas y exhalas a lo largo del día. Sugerimos que preste atención a cuatro cosas principales a medida que desarrolla el hábito de la respiración profunda enfocada:

1.	En lugar de encorvarse, siéntese en posición vertical para asegurar que sus pulmones tengan la máxima capacidad para absorber el oxígeno. 2. Tome nota de las partes de su cuerpo que están tensas, y mentalmente dirija la respiración hacia esas partes, reponiéndolas, y estas partes deberían ablandarse mientras respiras.

2.	Sea consciente de inhalar por la nariz en vez de por la boca. Tu nariz está equipada con un mecanismo de defensa que te protege de las impurezas y del aire extremadamente frío. Su nariz también puede percibir gases tóxicos. Los virus y las bacterias pueden entrar en sus pulmones a través de la respiración por la boca, así que deje que su nariz haga el trabajo.

3.	Cuando inhale, utilice la respiración abdominal empujando ligeramente el estómago hacia afuera, e inhale como si estuviera llenando sus intestinos. 4. Al exhalar, exhale lentamente hasta que su estómago se reposicione normalmente.

115

4.	4. Preste atención a la diferencia entre la respiración superficial (que se detiene en el pecho) y la respiración abdominal o diafragmática (que llena los lóbulos inferiores de los pulmones y fomenta el intercambio completo de oxígeno). Gracias a los movimientos de desplazamiento del diafragma, la respiración abdominal también masajea los órganos abdominales. Una de las mejores maneras de desprenderse de los pensamientos negativos y ganar control sobre la mente es a través de una respiración lenta, profunda y rítmica. La respiración profunda te ayuda a sentirte conectado a tu cuerpo, alejando tu conciencia de las preocupaciones y tranquilizando el interior diálogo en tu cerebro. Los cambios fisiológicos que ocurren con la respiración profunda se conocen como "respuesta de relajación". La respuesta de relajación es un término acuñado por primera vez por el Dr. Herbert Benson, el profesor que fundó el Instituto Médico de Mente y Cuerpo de Harvard. Escribió el libro "The Relajation Response", en el que comparte los beneficios de una variedad de técnicas de relajación (incluyendo la respiración diafragmática) en el tratamiento de una amplia gama de trastornos relacionados con el estrés. Benson afirma que la respuesta de relajación es un estado de descanso que altera tanto la reacción física como emocional al estrés... y es lo contrario de la respuesta de lucha o huida. Además de promover la respuesta de relajación, la respiración profunda tiene muchos beneficios de salud bien investigados.

Puede practicar la respiración consciente en casi cualquier lugar y a cualquier hora del día, especialmente cuando se encuentra con que piensa demasiado o se siente estresado y ansioso. Incluso un breve momento de respiración atenta observado diariamente puede aumentar su sensación de bienestar y calmar su actividad neuronal. Sin embargo, tal vez desee desarrollar una práctica regular de respiración profunda a una hora específica del día, ya que la respiración concentrada es la base de una práctica de meditación. Si usted establece una 5 - a 10 minutos de hábito respiratorio, puedes usar fácilmente este hábito como un disparador y punto de partida para su práctica de la meditación.

Aquí hay un proceso de siete pasos que puedes usar para desarrollar la práctica de la respiración profunda a diario:

1.   1. Determina una hora del día para practicar la respiración profunda, preferiblemente después de un hábito diario que realices constantemente, como el

cepillado de los dientes. La mañana es obviamente un gran momento para practicar, especialmente porque denota cómo será su estado de ánimo durante el resto del día. Pero entonces, puede que descubras que quieres tomarte un descanso antes de que el día termine, ya que las cosas se ponen más agitadas durante tu día de trabajo. Otro buen momento es antes de acostarse, ya que el ejercicio te pondrá en un estado de descanso.

2. 2. Seleccione un lugar para su práctica de respiración en un espacio tranquilo donde no se distraiga ni se interrumpa. 3. Apague el teléfono, la computadora y cualquier otro dispositivo que pueda distraerle.

3. 3. Ponga un temporizador para 10 minutos.

4. Siéntese en una postura meditativa, o siéntese derecho con los pies fijos y firmes contra el suelo. Ponga sus manos en su regazo.

5. 5. Inspire lentamente por la nariz hasta que sus pulmones se llenen a su capacidad, permitiendo que su estómago expulse la inhalación.

6. 6. Cuando termine de inhalar, haga una pausa por un momento.

7. 7. Exhale de forma lenta y suave.

Haga una pausa al final de la exhalación también. Cuando empiece, no tome demasiado aire de una sola vez. Empiece por respirar a la cuenta de cuatro, haga una pausa a la cuenta de dos, y exhale a la cuenta de cuatro. Si se da cuenta de que está hiperventilando, intente reducir la intensidad de sus respiraciones. Con la práctica, aumentará su capacidad pulmonar y podrá inhalar más aire. Ahora pasemos a otra práctica de consciencia que involucra la respiración enfocada pero que lo lleva a otro nivel de calma, claridad mental y paz interior.

Hábito de decaimiento mental #2: meditación

No tienes que ser un budista, un místico o un ex-hippie portador de cristales para practicar la meditación. Puedes pertenecer a cualquier fe espiritual o religiosa o no tener ninguna afiliación religiosa para cosechar los beneficios de la meditación y usarla como una herramienta para desclasificar tu mente. Si nunca has practicado la meditación o no estás familiarizado con ella, podrías desanimarte con la idea de sentarte tranquilamente en la posición de loto y vaciar tu mente. Pero no dejes que los clichés sobre la meditación de los cavernícolas te impidan intentarlo. En su libro 10% más feliz, Dan Harris dice, "la meditación sufre de una altísima por problema...

...pero si puedes superar el bagaje cultural, lo que encontrarás es que la meditación es simplemente un ejercicio para tu cerebro". La meditación se ha practicado durante miles de años y se origina en las antiguas tradiciones budistas, hindúes y chinas. Hay docenas de estilos de prácticas meditativas, pero la mayoría de las prácticas comienzan con los mismos pasos: sentarse en silencio, centrar la atención en la respiración y descartar cualquier distracción que se presente. El objetivo de la meditación varía según el tipo de práctica de meditación y el resultado deseado por el meditador. Los beneficios de la meditación se traducen en tu vida diaria, ayudándote a controlar las preocupaciones y los pensamientos excesivos, y proporcionando una serie de beneficios para la salud que discutiremos a continuación. La clave para estar satisfecho con la meditación es básicamente a través de la práctica sin cesar. Haciendo un compromiso diario con la meditación, mejorarás tus habilidades y descubrirás cómo los beneficios mentales, físicos y emocionales aumentan con el tiempo. Descubrirás que, al principio, tratar de calmar tu mente y mantener la concentración es como tratar de entrenar a las pulgas. Pero cuanto más practiques, más fácil y agradable será la experiencia.

CAPÍTULO 16: POSTERGAR LA LUCHA

Una vez que estás atrapado en las garras de la ansiedad crónica, hay un hábito que siempre se destaca: la incapacidad de ser productivo. Puede que seas muy hábil, pero nunca llegarás a hacer tu trabajo. La razón principal de este comportamiento es algo conocido como postergación. Las personas que luchan contra la ansiedad crónica tienen el hábito de postergar las cosas, diciéndose a sí mismos que al día siguiente volverán a realizar esa tarea, excepto que el mañana nunca llega. Como pueden imaginar, la postergación es un hábito muy negativo que mantiene a la gente en reserva. Una vez que te conviertes en un aplazador, no importa cuán hábil seas o qué potencial puedas poseer, parecerá que no eres confiable, lo cual no es bueno para tu carrera.

La postergación es un monstruo de un desafío que afecta a millones de personas en todo el mundo. Para superar este hábito, tienes que estar dispuesto a dar grandes pasos. Los siguientes son algunos consejos para superar la postergación.

No intentes hacerlo todo de una vez

Desde que has estado retrasando las tareas, se han estado componiendo de ti. Y en el último minuto te das cuenta de que tienes que hacer todas estas tareas o te enfrentas a una multa. Así que, empiezas a correr a través de las tareas. Es posiblemente el peor enfoque hacia el trabajo. Sólo eres un ser humano. Tus recursos son limitados. Cuando tratas de hacer un montón de trabajo terminas desempeñándolo de manera desalentadora. Y esto hará que la gente cuestione tu competencia. Siempre asegúrate de realizar una tarea a la vez. Esto te permitirá concentrarte y producir algo de calidad superior.

Tenga un plan

Cuando la ansiedad llama a tu puerta, trae confusión. Te quedas preguntando por dónde debes empezar. Pero tienes que tomar una postura firme y ver que no te confundas. Puedes lograrlo elaborando un plan. Ponga todos los aspectos importantes en su plan. Pero incluso lo que es más importante que el plan en sí mismo es el hecho de que debes atenerte a él. No dejes que nadie te convenza de que no sigas tu plan. Es un ejercicio que te ayudará a construir tu carácter para que te conviertas en una persona mucho más disciplinada.

Escúchate a ti mismo

A veces tu cerebro induce a la postergación como una forma de protesta. Tal vez has estado trabajando, pero se supone que no deberías hacerlo. Tanta gente atrapada en trabajos que no les gustan. Estas personas son propensas a desarrollar la postergación como una forma de rebelión de su cerebro. Pero entonces se encuentran atrapados entre la espada y la pared porque al final del día las cuentas deben ser pagadas. Así que, cuando te encuentres aplazando, tómate tu tiempo para mirar tu vida y decidir qué debe ser cambiado.

Sé honesto contigo mismo

Si has estado postergando por un tiempo, una cosa es segura, tu vida se detendrá. Pero para superar ese problema, tienes que estar dispuesto a ser honesto contigo mismo. Echa una mirada profunda y dura a tu vida y haz una observación honesta. No es fácil admitir que necesitas hacer cambios serios, pero es esa clase de honestidad la que te permitirá tener éxito.

Conoce tu tiempo productivo

El hecho es que cada persona tiene un momento en el que es más productiva. Si puedes identificar este momento, es a tu favor, ya que podrás hacer mucho más. La mayoría de las personas tienden a ser muy productivo, ya sea temprano en la mañana o tarde en la noche. Tal vez sea porque hay una distracción limitada de las fuerzas externas. Al ser capaz de medir cuándo eres más productivo, también te permitirá aprender más sobre ti mismo.

Deshacerse de las distracciones

Las distracciones podrían provenir de casi cualquier lugar de este mundo moderno en el que vivimos. Pero la mayor fuente de distracción suele ser nuestros aparatos tecnológicos, especialmente si perteneces al grupo de edad milenaria. A la gente le resulta difícil apartar la vista de sus aparatos. Y en esta era de los medios sociales, estamos constantemente publicando fotos y preguntándonos cada pocos minutos cuántas más como esta se han reunido. Por supuesto, cuando se presta atención a tales cosas no se puede dar a su trabajo la atención necesaria. Una de las mejores maneras de privarse de las distracciones es deshacerse de la televisión, eliminar las aplicaciones de los medios sociales y regular el uso de Internet. Pero entonces las distracciones pueden provenir de tus amigos y familiares. En cuyo caso debes afirmar que necesitas tiempo para ti mismo.

Mejora tus niveles de energía

Aunque la ansiedad por sí sola es suficiente para hacerte un aplazamiento, hay un factor que puede duplicar...por tu postergación: niveles de energía bajos. Una de las causas de los bajos niveles de energía es una dieta pobre. Si estás acostumbrado a comer sólo mangos y naranjas y cosas hervidas, entonces necesitas empezar a comer algo mucho más firme. Cuando tu energía es baja, tu cerebro deja de desplegar todos sus recursos porque está en un estado de ánimo conservador, y esto puede hacer que tu hábito de aplazar las cosas sea mucho más pronunciado.

Trabaja en tus impedimentos psicológicos

La mayoría de las veces, los problemas que nos impiden ser productivos son psicológicos. Por lo tanto, si tiene alguna esperanza de superar su postergación, debe estar dispuesto a examinar sus problemas psicológicos. Tal vez usted no ha desarrollado suficiente autoestima. O tal vez usted está luchando con un complejo de inferioridad. Cualquiera que sea tu problema psicológico, el hecho de que hayas puesto un dedo sobre él es un gran salto adelante.

Pida ayuda

La gente pasa por un infierno tratando de alcanzar sus objetivos, y no logran hacer uso de un recurso importante sobre ellos: otros seres humanos. Si sabes cómo pedir ayuda, tienes una gran ventaja, porque otros seres humanos podrían facilitarte el cumplimiento de tus objetivos. Pero lo triste es que no todo el mundo está acostumbrado a pedir ayuda. Pero entonces De nuevo, no todo el mundo tiene la capacidad de conectar con otros seres humanos de tal manera que la ayuda se les extenderá cuando la pidan.

Deja de poner excusas

La mayoría de la gente que está luchando contra la postergación tiene una tendencia a inventar excusas. Pero cuanto más excusas das, más te niegas la oportunidad de convertirte en una persona con recursos. La postergación nunca te ayudará a lograr tus objetivos. Tienes que enfrentarte a este hábito negativo de frente. Pero luego comienza por detenerte a dar excusas, reconocer tus debilidades, y mejor aún, prometerte a ti mismo que te darás la vuelta.

CAPÍTULO 17: SUPERAR EL PERFECCIONISMO

En el texto, puede parecer un hábito halagador, pero en realidad, el perfeccionismo es un robo de alegría. Si usted es un perfeccionista, puede encontrarse con que no está progresando, lo que finalmente le impide alcanzar sus objetivos. Además, el perfeccionismo puede ponerle en contra de la gente que le rodea. Nunca hay un buen final donde el perfeccionismo está presente.

Se dice que el difunto Steve Jobs era un perfeccionista. Y se determinó que su perfeccionismo provenía de su ansiedad. A pesar de ser billonario, parece que su vida personal era bastante caótica, gracias a sus desórdenes de personalidad. Steve Jobs pudo triunfar a pesar de tener un trastorno de perfeccionismo, lo cual se debe en gran parte al hecho de que tenía un equipo excepcional, pero para el estadounidense promedio que tiene esta condición, puede que quieran buscar una solución, porque todo lo que esta condición hace es derribarte. Los siguientes son algunos consejos para superar el perfeccionismo.

Reconózcalo

La mayor indicación de que eres un perfeccionista es cuando tienes un tremendo miedo al fracaso. Este miedo te sostiene. Hace que dejes de arriesgarte simplemente porque crees que quieres lograrlo. Y curiosamente, la gente que tiene un tremendo miedo al fracaso nunca lo admite ante sí misma, y siempre tienen una forma de racionalizar su miedo.

Puedes reconocer que eres un perfeccionista cuando tienes una tendencia a magnificar los errores. Los pequeños errores parecerán minas terrestres. Encontrarás gente que te evita porque temen tus demandas. Otro indicador obvio de perfeccionismo es la tendencia a tener expectativas poco realistas.

Es casi como si esperaras que tus compañeros de trabajo tengan una fuerza sobrehumana. Estas expectativas poco realistas ponen a la gente en su contra.

Los perfeccionistas tienen la tendencia de atar su autoestima a sus logros. Si lo han hecho bastante bien este año, entonces tendrán una gran autoestima, pero si lo han hecho de forma desmesurada, su autoestima se derrumba.

Desarrollan una piel gruesa

Algunos perfeccionistas tienden a tener la piel extremadamente fina. Esto significa que se toman muy mal las críticas. El

El hecho es que la gente siempre ha criticado, y nunca se cansará de ello. Así que el perfeccionista debe desarrollar una piel gruesa para soportar cualquier comentario negativo sobre su creación y no sentir la necesidad de probarse a sí mismo como superior. Pero eso no significa que deban ignorar todo tipo de críticas, porque hay críticos bienintencionados.

Esfuércese en el honor

Algunas personas tienen la tendencia de ir por algo de manera implacable. El perfeccionista se dice a sí mismo que no es suficiente hasta que logra algo específico, lo cual es un enfoque equivocado. No hay ningún daño en ser ambicioso, mientras no se atribuya su valor al éxito (o a la falta de él). Esforzarse en el honor es dar lo mejor de uno mismo, entendiendo que si las cosas no salen como uno espera, uno es bueno.

Establecer metas realistas

La mayoría de los perfeccionistas tienen un sentido grandioso de ellos. Tienen grandes planes para su futuro, aunque estos planes no parezcan realistas. El problema de establecer metas poco realistas es que, el perfeccionista terminará decepcionado, y se perderá mucho tiempo. El mero pensamiento de que un perfeccionista pueda perder su tiempo persiguiendo una meta y aún así no lograrla deprime su alma.

CAPÍTULO 18: TRABAJE EN SU ASERTIVIDAD

Cuando hablamos de una persona asertiva, estamos hablando de alguien que conoce bien sus derechos, y que no teme defenderse y expresar sus derechos de manera clara y firme. No son ni pasivos ni agresivos. Y no tienen ninguna intención de infringir los derechos de los demás.

Una persona que está luchando contra la ansiedad es generalmente incapaz de ser asertiva. Hay demasiadas cosas en sus mentes y no tienen el valor de ser asertivos. Su ansiedad crónica les ha hecho pensar en sí mismos de forma negativa. Están demasiado asustados para defender sus derechos, y por lo tanto casi nunca hacen un movimiento audaz como cuando deben hacerlo ya que se están aprovechando de ellos.

Es muy importante ser una persona asertiva en este mundo porque hay demasiada gente que se aprovecha de uno. Ser asertivo significa que no dejarás que la gente se salga con la suya a tu costa. Pero lo harás de manera cortés.

Si has notado que tu ansiedad crónica ha erosionado todo tu coraje, sigue estos consejos para poder desarrollar tus habilidades asertivas, y asegurarte de llevar una vida plena.

Decide ser asertivo

Si durante mucho tiempo has tenido miedo de enfrentarte a la gente y pedir tus derechos o expresar tu opinión con una voz segura, debes saber que estar en esa posición de debilidad es agotador para el alma. Por lo tanto, debes tomar una decisión consciente para darle un giro a tu vida. Esto no es algo que anuncie a todo el mundo o que haga un gran espectáculo, no, sólo murmura para sí mismo el hecho de que está pasando página, y que ya está harto de dejar que la gente se aproveche de usted y de no hacer nada para corregir esos errores. Una vez que tomes una postura solemne de que te vas a convertir en una persona asertiva, sentirás la energía que se acumula en tu mente, ya que ahora estás listo para convertirte en alguien con una postura.

Sé abierto y honesto

Ser asertivo no se trata de hacer el ruido más fuerte o de hacer el mayor dramatismo al exponer tu punto de vista. Se trata simplemente de estar en posición de expresar de una manera franca y honesta sin necesidad de presentarse como alguien que no es. Cuando hablas de forma franca y honesta, no sólo añade peso a tu queja, opinión o comentario, sino que también te hace querer al público. La gente siempre está observando para ver a la siguiente persona que merece su adoración.

Sea un oyente activo

La escucha activa es la habilidad de dar a la otra parte toda su atención. Es una forma de mostrarle a la otra persona que la respetas. Así que, en una situación en la que estás discutiendo, no intentes dominar la discusión siendo hostil o irrespetuoso. En su lugar, trate de ser tan respetuoso como pueda. Mire a la otra parte y mantenga un contacto visual directo. Asegúrate de que tus pies están apuntando hacia ellos. Cuando practicas la escucha activa, no sólo te permite expresar tu respeto, sino que también te permite desarrollar una verdadera convicción sobre lo que estás diciendo. Y si te equivocas, te ayuda a entender la falla en tu perspectiva.

Estar de acuerdo en estar en desacuerdo

Te encontrarás con gente que se opondrá a tu opinión, que irá en contra de lo que representas, e incluso tratará de disuadirte. Tales escenarios pueden ser bastante complejos. La persona pasiva reaccionaría bajando la cabeza y murmurando una incomprensible declaración de desaprobación. Una persona agresiva tal vez gritaría e intentaría tomar las cosas físicamente, muriendo por poner sus manos sobre su presunto enemigo. Pero entonces una persona asertiva simplemente expresaría su punto y estaría de acuerdo en estar en desacuerdo en las cosas que no tienen en común con la siguiente persona.

Evitar los viajes de culpa

Una de las formas comunes en que la gente abusiva se sale con la suya es a través de los tropiezos de la culpa. Debes tener cuidado de que la gente no se aproveche de ti haciéndote sentir culpable. Siempre mantén un enfoque civilizado en la vida y nunca tengas miedo de enfrentar a las personas que se están aprovechando de ti. Si estás acostumbrado a pasar desapercibido y a no defender tus derechos, este cambio de actitud puede resultar un poco extraño, pero una vez que das los primeros pasos, se hace mucho más fácil de llevar a cabo.

Sé un solucionador de problemas

Está bien ser asertivo y conocer tus derechos. Pero es aún más importante dar una solución. Al final del día, la gente que realmente está llevando a la humanidad hacia adelante está proporcionando soluciones a los principales problemas. Ser un solucionador de problemas significa que tienes la capacidad de pensar creativamente, conectar los puntos y ser consciente del potencial de las diferentes personas.

Aprende a decir "No"

Es una de las cosas más difíciles de la historia. Desde que éramos pequeños, siempre nos han enseñado a acomodarnos a las necesidades de los demás. Y esto es precisamente por lo que nos cuesta decir a los demás "no". Pero si no te sientes cómodo diciéndole a alguien que "no", te sentirás muy incómodo considerando que hay muchos usuarios ahí fuera.

Aprende importantes técnicas asertivas

Usa muchas más frases con "I". Cuando usas frases con "I", envías el mensaje de que las palabras vienen de ti, y es un intento de dejar de ponerlas a la defensiva. Las frases con "I" también transmiten que estás enfocado en proveer una solución a cualquier problema que ambos puedan estar enfrentando.

Si la otra persona parece no comprometerse, o no te toma en serio, como suele suceder al principio, entonces puede que tengas que intensificar el asunto. Si al principio les has pedido de manera firme y civilizada que hagan algo, y sin embargo no pueden cooperar, entonces puede que quieras mostrar tu voluntad de llevar el asunto a autoridades más altas. Esto no es un intento de mostrarse como superior, sino sólo una expresión del hecho de que usted es muy serio al pedir sus derechos.

Utilice el poder de la autoafirmación

Si elige convertirse en una persona asertiva, debe entender que es una minoría. La mayoría de la gente de este mundo es extremadamente pobre cuando se trata de defenderse a sí mismos. No tienen ni idea de lo que deben hacer. Algunos reaccionan siendo pasivos y otros reaccionan siendo agresivos. Pero no muchas personas han desarrollado sus habilidades asertivas. Si eliges tomar este camino, estás decidiendo hacer lo más difícil, y más poder para ti. Ahora necesitarás mucha resistencia para tener éxito. Una de las formas en que puedes lograr esto es practicando la auto-afirmación. Adquiere el hábito de cantar unas pocas palabras positivas todos los días. La auto-afirmación mejorará tu positividad y hacer que te conviertas en una mejor persona.

Deja de compararte con otras personas

Al final del día, no podemos ser todos iguales. Si hay algunas personas más capaces que tú, entonces deja de intentar comparar tu vida con la de ellos. Tal vez estén mucho más adelantados que tú por la ventaja que tienen sobre ti. Y además, ¿quién sabe cómo será el futuro? Cuando tienes la mentalidad de decirte a ti mismo que estás caminando hacia un gran futuro, es menos probable que desarrolles inhibiciones, y te ayudará a convertirte en la mejor versión de ti mismo.

Aléjate de las personas negativas

Si te rodeas de gente negativa, te van a infectar con la plaga de la energía negativa. La gente negativa es básicamente gente débil que no está interesada en tomar la vida con una mentalidad de ganador. Es mejor que se junten en grupos y traten de derribar todo lo que no se mantenga firme. Por lo tanto, haz un punto de alejarte de las personas negativas. Y aún más importante, rodearse de gente positiva.

Tengan un plan

No es aceptable estar sólo deambulando por la vida. Has elegido ser una persona asertiva para poder traer el cambio a tu vida. Cualquiera que sea tu plan, asegúrate de que esté bien redactado, pero lo más importante, asegúrate de que lo sigues. Tener un objetivo general en mente te dará aún más razones para ser asertivo. Cuando tienes un plan, significa que tu vida tiene una dirección.

CAPÍTULO 19: TRABAJA EN TU CONFIANZA Y AUTOESTIMA

Uno de los problemas más comunes con los que la gente suele tener que lidiar es la pérdida de confianza. Y este problema se agrava entre las personas que luchan contra las enfermedades mentales. Una vez que la ansiedad entra en tu vida, te quita el sentido de valor, te hace dudar de tu capacidad para alcanzar tus objetivos.

La mayoría de la gente tiene una concepción errónea sobre la confianza. Parecen pensar que la confianza es algo mítico que sólo unas pocas personas tienen. Pero lejos de eso. La confianza es sólo una habilidad. Cualquier persona que esté lo suficientemente motivada puede practicar esta habilidad y convertirse en un individuo superconfiado.

La mayoría de las personas que no tienen éxito en la construcción de su confianza y autoestima se debe al hecho de que no están listos para trabajar. Simplemente quieren la salida fácil.

Si has estado luchando contra la ansiedad, y has desarrollado una baja autoestima como resultado, ya sabes que no tener confianza es suficientemente malo. Pero entonces es cuando para que te conviertas en un individuo fuerte y crees la vida que siempre has anhelado.

Los siguientes son algunos consejos importantes para ayudarte a desarrollar la confianza y la autoestima.

Silencie su crítica interior

Esa vocecita en tu cabeza que te dice muchas veces que no puedes lograr tus objetivos, prestarle menos atención, o ninguna. Es sólo tu cerebro cuidando de sí mismo y desanimándote a tomar riesgos para que pueda aumentar sus posibilidades de supervivencia. Pero nunca te rindas ante el miedo que surge de tu crítica interior. De hecho, debería impulsarte a querer ser una mejor persona. La victoria pertenece al hombre que no tiene miedo de tomar riesgos audaces.

Nunca dejes de reinventarte a ti mismo

El mundo está pasando por cambios constantes. No puedes adquirir una sola calificación y pensar para ti mismo, "¡eso es todo!" Tienes que seguir mejorando y convertirte en la mejor versión de ti mismo. Si obtienes un título en un determinado campo, asegúrate de obtener otra calificación en un campo relacionado. Cuanto más cualificado seas, más oportunidades tendrás a tu disposición. Por lo tanto, nunca debes ser complaciente, simplemente porque el mundo está evolucionando rápidamente, y lo que está en hoy está fuera mañana.

Lleve un registro de sus logros

Mejorar tu confianza es, hasta cierto punto, recordarte a ti mismo que eres el proverbial "jefe". Para poder desarrollar este sentimiento, tienes que haber hecho algo con tu vida. Cuando te sientas deprimido, sólo mirarás tus logros y te darás cuenta de que eres una persona digna. En gran medida, la confianza está ligada a nuestros logros. Nos sentimos muy bien con nosotros mismos por haber hecho algo que valga la pena o por haber participado en la proverbial "escritura de la historia". Así que asegúrate de anotar todos tus logros para que puedas recordarte a ti mismo lo maravilloso que eres cada vez que te sientas deprimido.

Desafía tus creencias limitantes

Si todavía tienes creencias limitantes, es el momento de deshacerte de ellas. Por ejemplo, si piensas que "no le gusto a nadie por mi aspecto", es una creencia limitante que hace que te mantengas alejado de tus compañeros, ya que obviamente esperas que te rechacen. En para superar una creencia limitante, tienes que exponerla como falsa. Así que, en este caso, puede que quieras acercarte a suficientes personas, y una vez que te acepten, entonces te darás cuenta de que tienes una creencia limitante que te está impidiendo vivir tu mejor vida.

Sal de tu zona de confort

Cuando estás en tu zona de confort, no actúas. Simplemente existes. Pero cuando sales de tu zona de confort, estás en posición de convertirte en la mejor versión de ti mismo. Cuando te desafías a ti mismo, estás en posición de innovar y convertirte en lo mejor que puedes ser. Así que asegúrate de salir siempre de tu zona de confort y convertirte en lo mejor que puedas ser. No sólo te ayudará a salir adelante en la vida, sino que te ayudará a construir una confianza sólida como una roca.

Sé amable con los demás

La vida no se trata sólo de acumular todo lo que puedas para ti mismo. También se trata de mostrar a los demás amabilidad. Los estudios muestran que prestar ayuda a los que la necesitan nos deja increíblemente felices. Y considerando que la confianza sólida se basa en que somos felices con quien somos, dar a los demás refuerza nuestra confianza.

Cuando luchas contra la ansiedad social, nunca te sientes cómodo con la gente, simplemente porque tienes una imagen negativa de ti mismo. Pero ¿sabía que ser amable con los demás elevará su perfil entre la gente? Parece que ser amable resuelve el problema de la falta de confianza al abordar la causa principal: la ansiedad.

Nuestra sociedad humana está rota. Hay tantas personas desfavorecidas que podrían usar tu ayuda. Es algo muy bonito participar en la construcción de la sociedad sin esperar limosnas, dar sin ataduras.

Haz las paces con tu traumático pasado

Los estudios muestran que la mayoría de nuestras enfermedades mentales provienen de nuestras experiencias traumáticas. Si fuimos abusados, especialmente en nuestra infancia, esa experiencia casi nunca desaparece. Los recuerdos siempre vuelven para atormentarnos, recordándonos que somos sucios, terribles, no deseados. Tales recuerdos traumáticos pueden hacer que perdamos nuestra confianza. Empezamos a pensar que algo está mal en nosotros.

Por lo tanto, si ha perdido su confianza como resultado de su pasado traumático, asegúrese de hacer las paces con tu pasado, para que puedas comenzar tu camino hacia la recuperación total.

Dependiendo de los recursos de los que dispongas, es posible que tengas que colaborar con un profesional de la salud mental, que te ayudará a mejorar tu salud mental.

Uno de los métodos más eficaces para tratar el traumatismo se conoce como cbt. En este plan de tratamiento se trabaja con el profesional para llegar a la raíz de tus problemas emocionales. El plan de tratamiento es muy popular por sus resultados duraderos.

Trabajando con un terapeuta, usted debe ser capaz de ver que usted es en realidad una persona lo suficientemente normal, y comenzar a vivir su mejor vida posible.

Presta menos atención a lo que otras personas piensan de ti

La gente siempre va a tener algo que decir sobre todo. Si esperas que la gente siempre tenga algo favorable que decir sobre ti, estás claramente equivocado. Pero sólo porque alguien hable de ti de forma negativa no significa que esté en lo cierto. Vivimos en una época en la que es muy fácil ser "expuesto" al mundo y sufrir la ira de la opinión pública. Cuando te encuentras tratando con gente mal informada que está empeñada en herir tus sentimientos, simplemente ignóralos. Algunas personas tienen la tendencia de hacer comentarios engañosos y odiosos en un intento deliberado de llamar la atención. Si te das cuenta de que estás tratando con una persona así, como la mayoría de las veces, hazte un favor y quítale la atención, negándote a jugar.

Lea el material de inspiración

Este mundo ha existido durante millones de años. La gente ha venido y se ha ido, dejando su marca. Hay gente que se ha ido hace mucho tiempo que te gusta, ¡tus héroes! Pasa el tiempo leyendo sobre ellos, averiguando sus desafíos, y cómo lucharon para alcanzar el éxito. La lectura de material inspirador aumentará tu confianza en ti mismo, sin mencionar que te dará nuevas ideas.

Aléjate de la gente negativa

A veces la gente con la que salimos puede impedir que hagamos algún progreso. Si estas personas son negativas, nos infectarán con su terrible energía, y nos harán funcionar junto a sus bajas frecuencias. Pero debemos estar dispuestos a salir de ellos y buscar influencias positivas - o quedarnos solos por completo. No es fácil alejarse de alguien que ha sido utilizado, pero tales son los sacrificios que debes hacer para desarrollar la confianza y convertirte en la mejor versión de ti mismo. Si la negatividad viene de alguien de quien no puedes deshacerte, entonces tal vez quieras limitar tu interacción con él.

Mejorar tus habilidades de aseo

No hay manera de que te sientas como un rey cuando llevas trapos y hueles a animal atropellado. No tienes que desembolsar millones para estar bien arreglado. Sólo tienes que tener un gusto refinado en la ropa y saber cómo jugar con los accesorios. Aparecer en lugares públicos vestido hasta los nueve años es un gran estímulo para la confianza.

CAPÍTULO 20: LIBERTAD FINANCIERA

No podemos huir del hecho de que nuestra felicidad está en cierta medida ligada a los recursos de los que disponemos. Si no tenemos recursos, una cosa es segura, vamos a enfrentarnos a tremendos desafíos en nuestro día a día, y normalmente desencadena enfermedades mentales como la ansiedad y el estrés.

Digamos que tienes hijos. Compras (o alquilas) un lugar decente, los llevas a la escuela y te ocupas de sus necesidades básicas y secundarias. Debes saber bien que el amor no te ayudará a adquirir todas estas necesidades. Necesitarás dinero. Y si no tienes recursos, terminas frustrado.

Los investigadores han establecido desde hace tiempo que más allá de un cierto nivel de ingresos, digamos unos pocos cientos de miles, el dinero extra no es muy importante. Este es el tipo de ingreso que te libera, te permite disfrutar de tu vida, alcanzar tu máximo potencial. Pero entonces debes darte cuenta de que la libertad financiera no es algo que esté al alcance de todos. La mayoría de la gente está luchando financieramente, lo que los pone en riesgo de desarrollar problemas de salud mental.

Puede que el dinero no te dé la verdadera felicidad, pero al menos te ayuda a hacer tu vida más cómoda, a buscar soluciones y, lo más importante, a satisfacer tus necesidades. Los siguientes consejos son críticos para lograr la libertad financiera.

Viva dentro de sus posibilidades

Siempre asegúrate de trabajar con lo que tienes. Mucha gente se mete en problemas financieros simplemente porque gastan más dinero del que ganan. Y normalmente recurren a préstamos para complementar sus "escasos" ingresos. Si tienes un ingreso modesto, siempre puedes vivir dentro de tus posibilidades, y no tendrás que pedir dinero prestado, y terminarás acumulando grandes deudas. Así que mucha gente es virtualmente incapaz de controlarse a sí misma cuando se trata de gastar dinero. Y este hábito hace que estén perpetuamente quebrados. Uno de los consejos para vivir dentro de tus posibilidades es trabajar siempre con un presupuesto. Te permite priorizar tus necesidades y deseos. Un presupuesto también te permite tener más sentido de ti mismo considerando que te permite estudiar tus tendencias de consumo.

Valor de compra

algunas personas tienen un sentido distorsionado de ahorrar dinero que está ligado a comprar lo más barato posible. Si quieren comprar los zapatos nuevos de sus hijos, entonces van por el par más barato disponible, sin darse cuenta de que el zapato sólo durará unos meses antes de que se deshaga, lo que requiere la compra de otro par. Pero si han comprado un zapato de calidad, que va a ir por mucho más, hay la garantía de que el zapato durará. Por lo tanto, comprar artículos de valor, que normalmente cuestan más, es la decisión financiera más inteligente que comprar productos de baja calidad que normalmente cuestan poco. Internet es tu mejor amigo; antes de gastar tu dinero, tómate tu tiempo para investigar, y puede que encuentres ofertas irresistibles en artículos de calidad.

Desarrolla una mentalidad positiva hacia el dinero

A algunas personas les resulta particularmente difícil acumular dinero simplemente porque tienen creencias negativas sobre el dinero. Por ejemplo, algunas personas piensan que el dinero es malo, y que tener dinero significa que eres una mala persona, y son incapaces de atraer el dinero porque tienen un tremendo impedimento psicológico. Para adquirir una mentalidad positiva hacia el dinero, tienes que asociarte con personas exitosas, y pedir su orientación. Rodearse de influencias positivas le permite cultivar el conocimiento sobre el gasto de dinero. Te encuentras en desarrollo en la madurez.

Minimiza el ver la televisión

Si siempre estás sentado frente al televisor, cacareando como una hiena a esas graciosas personas en tu pantalla, no esperes lograr la libertad financiera. Para mejorar tus finanzas, debes esforzarte mucho, y pasar tus horas productivas en la TV te niega la oportunidad de utilizar tu energía y potencial. Además de ser la mayor pérdida de tiempo que existe, la TV promueve la cultura del consumismo, considerando que siempre ha sido un poderoso canal de publicidad. No es realmente difícil darle la espalda a la TV y poner tu tiempo en actividades más valiosas. Apagar la TV también hará que tu creatividad aumente, ya que ahora tienes la oportunidad de ofrecer soluciones a varios retos.

Evita el uso de tarjetas de crédito

Siempre que vayas a comprar cosas, asegúrate de llevar dinero en efectivo, en lugar de tarjetas de crédito. Las investigaciones muestran que es más probable que compres impulsivamente cuando tienes una tarjeta de crédito en lugar de cuando tienes

...en efectivo. La tarjeta de crédito tal vez le indique que tiene un suministro ilimitado de recursos y que puede tomar todo lo que quiera. Llevar dinero en efectivo te permite ser más astuto.

Escriba sus metas financieras

La libertad financiera requiere que se creen metas y se trabaje para alcanzarlas. Pero en la medida en que las personas tienen las intenciones más limpias, no logran alcanzar su objetivo simplemente porque su enfoque fue defectuoso. Los objetivos requieren que tengas el elemento de precisión. Por ejemplo, la persona promedio que busca alcanzar la libertad financiera podría decir, "¡Quiero ser rico!" A primera vista, no hay nada malo en su deseo. Pero como se supone que es un objetivo, la falta de precisión es un problema. Puede que quieran decir, "Quiero empezar un negocio online en el nicho de los suplementos. Y quiero cerrar un millón de dólares en ventas para el final del año!" Con tal objetivo, todo tu ser será bombeado, listo para trabajar y lograr lo que deseas.

Rastrea tus gastos...

No seas la persona que tira su dinero en todas partes sin darse cuenta de adónde va. Asegúrate de que
 que está al tanto de todos sus gastos. Esto es crítico en el desarrollo de la inteligencia financiera. Cuando rastreas tus gastos, tienes la oportunidad de ver el agujero en el que tu dinero desaparece, y probablemente lo sellas.

Evitar las deudas

No seas la clase de persona que acumula deudas y termina evitando a todos porque deben. Las deudas pueden arruinar tus finanzas. Son la mayor señal de que no estás viviendo dentro de tus posibilidades. Por supuesto, no todas las deudas pueden evitarse, pero es importante tener un plan de pago de deudas completo. Pagar lo que debes mejora tu puntuación de crédito y atrae el respeto. Y en la sociedad viciosa en la que vivimos, el respeto es una gran ventaja.